ゼロの革命

運命を拓く宇宙の法則

ゼロの革命

運命を拓く宇宙の法則　**目次**

1章

不自由な「地球生活」から解放される、自由な「宇宙生活」とは

――死線を超えたところに人生の共通目的がある

2章

時間軸に支配される「過去・未来」から、時間軸を解放する「今」へ

——不調和と無秩序を解決する「ゼロの法則」

3章

現世利益に基づく「知識」から、霊世利益に基づく「意識」へ

——ゼロの揺らぎ理論の原点は意識

4
章

欲望と不自由の「地球意識場」から、愛と自由の「宇宙意識場」へ

――宇宙はゼロにして無にあらず

5章

地球限定の「物質素材」から、宇宙で使える「霊質素材」へ

——宇宙では摩擦と葛藤の係数がゼロに近い

6章

依存と不自由の「地球意識場」から、自立と自由の「宇宙意識場」へ

——親子関係は愛の関係ではなく、恩讐の関係

7章

「エロス」の結婚から、「ロゴス」の結婚へ
――愛を完結するには「愛のペアーシステム」を

8章

「男性主権社会」から、「女性主権社会」へ
——宗教では愛の理想世界を創り出すことは不可能

編集協力　㈱アイ・ティイ・コム
DTP　美創

はじめに――

「ゼロの革命」で世界はどう変わるか

「ゼロの革命」とは何か、何がどう変わるのか

私は、三十数年前、大学病院などに勤務するかたわら、原子物理学や量子論の観点から放射性同位元素（アイソトープ）を使用した生命科学の研究に打ち込んでいました。

その中で、従来の地球の理論の枠組みと価値観から生じる、地球上のありとあらゆる葛藤と摩擦を、真逆のパラダイムを想定することで解決する「パラダイム・レボリューション（理論の枠組みと価値観の革命）」、略して「パラレボ理論」に行きつき、その体系を確立するに至りました。

全宇宙に於ける、大がかりで壮大なテーマである「パラレボ理論」の中で、最も大事で象徴的なものが、全宇宙を運行するメカニズムとシステムである「ゼロの法則」です。

最初に触れる方には、地球の理論とは真逆な理論が、多く含まれているために、かなり難解かと思います。それは既存のいかなる地球上の理論にもなかった、革命的な真逆の要素を多く含んでいるためです。

ゼロの革命は、地球の法則や原則、または、社会の一般的な常識や良識が、すべて真逆に解か

れていますので、理解するのが難しいと思ったら立ち止まらず、飛ばし読みをしてください。

しかし、その難解さは新たなパラダイムから生まれたものですから、その新たなパラダイムに慣れるにつれ、従来のどんな理論よりも、論理的で整合性をもった明快なものであることに、むしろ快感を伴うほどの納得を与えてくれるものになっています。

ですから、読者の皆さんは、最初の難解さにとまどうことなく、理解できないところがあっても、そこで立ち止まらずに、どんどん先を読んでいってください。ある瞬間から、目の前の雲が晴れるように、すべてが深い納得のうちに疑問が氷解していきます。

とはいえ、その「ゼロの法則」の詳細を知る前に、およそのところどんな理論なのか、そのアウトラインくらいは知っておきたい、と思われる方も多いでしょう。

一言では言い表し難いこの理論を、あえて簡単に表現すれば、このようになります。

このゼロの法則は、プラスとマイナス、陰と陽、女性と男性、善と悪、ネガとポジ、破壊と創造……など、地球を含めた宇宙に存在する、すべてのメカニズムとシステムが、相反するものによって、葛藤や摩擦を繰り返しながら、お互いが近づいていき、究極の**「ゼロ」**になろうとして、打ち消し合う瞬間に、正真正銘の無にはなりきれず、**「僅かな揺らぎ」**が生じます。

そのことによって、破壊と創造の原則に従って、新たな創造と価値が生まれ進化に方向付けられているという法則です。

そして、これを正しく認識することから、人生の存在目的と意味と意義と存在価値を見出すことができます。

たとえば、理解しやすい相反するものとして、化学的な酸性とアルカリ性があります。酸性のものとアルカリ性のものを混ぜ合わせると、中和という現象が起こりますが、この中和も実は、完全なゼロ状態ではありません。

つまり、50の力価の酸性と50の力価のアルカリ性がゼロで向き合うと、力が同じなために、双方は拮抗したまま止まって動けなくなり、酸性とアルカリ性の存在そのものの目的と意味と意義と価値を失うことになります。

ですから、完全な中性という状態はありえず、限りなく中性に近い状態になろうとして、酸性とアルカリ性の性質に、「揺らぎ」が起こって、新たな酸性とアルカリ性を創造しながら存在しています。

その揺らぎの中から、新たな何かが生まれてくると考えていただければ良いでしょう。

これを哲学的な弁証法に置き換えると「正反合」の考え方にも似ています。

つまり一つの思想を「正」（テーゼ）、対立する思想を「反」（アンチテーゼ）とすると、この正反双方の究極の妥協と和解の中から、その双方を「止揚」（アウフヘーベン）した新たな思想が、「合」（ジンテーゼ）として生まれるという考え方と似ています。

相反する男性社会と女性社会に「ゼロの法則」がはたらくと

現実の社会での一例を挙げてみますと、人類の歴史における最大の「揺らぎ」は、女性と男性の陰と陽の揺らぎです。陰を代表した女性と、陽を代表した男性に内包した、論理に於ける、真逆性による葛藤と摩擦の障壁を打ち消しながら、女性と男性の距離を縮めてきた歴史が、人類の進化そのものといえます。

男性と女性の存在目的と存在価値の方向性は、真逆の論理に方向付けられています。男性は、**「力と支配と闘争と破壊」**の論理性を意識の中に内包していて、女性は、**「愛と統合と融和と創造」**の論理性を意識の中に内包しています。

進化の歴史に於ける、男性と女性の役割と責任を検証すると、男性は相反する価値観や宗教観、イデオロギーの対立などを、戦争という形に変えて、「力と支配と闘争と破壊」の論理に従って、双方が激しく打ち消し合い、尊い生命と万物を破壊してきました。

その後、女性の「愛と統合と融和と創造」の論理によって、新たな生命を胎内で再生し、世に生み出すことにより、精神的な文化と科学的な文明を、新たな進化へと再構築してきました。

すなわち、人類の歴史は男性のロジックに従って、力と支配と闘争によって、古い文化と文明を破壊し、女性の愛と統合と融和のロジックに従って、新たな上位の文化と文明を創造してきたといえます。

ですから、これからの世界に求められるのは、従来の男性を中心とした世界観ではなく、女性を中心とした世界観です。正しい宇宙の法則は、女性が性的主体であり、男性は性的対象と捉えられるからです。

ここにも、先ほどお話しした「ゼロの法則」が働いています。

二つの相反するロジックが、葛藤や摩擦を繰り返しながら打ち消し合って、破壊と創造の原則に従って、新しい進化と価値を創造してきました。

これが新時代をつくる進化と価値の創造のための、唯一の方法だと確信しています。

そのためには相反する女性と男性のロジックが、ゼロの揺らぎによって、男性主体と女性対象が、相対変換の法則に従って、前足と後ろ足が入れ替わって、前進していくように、「男性主体論」から「女性主体論」に転換していくことが、進化するための重要なコンセプトとなります。

このようにして、「ゼロの革命」をあらゆる分野に展開することで、人間世界の矛盾も驚くほど明快に解決され、私たちの日常に関係する個人の生き方から社会のあり方まで新たな秩序を創り出すことができます。

本書『ゼロの革命』は、難解なところもあるでしょうが、今まで紹介した内容は、その壮大な理論のほんの一部分に過ぎません。

日本の精神文化から生まれた素朴な疑問への解答

この理論は、アメリカでもなく、ドイツでもなく、イギリスでもなく、どこの国でもなく、日本固有の精神文化の歴史的な土壌から生まれた、全く新しい哲学と理念と思想です。

ですから、『ゼロの革命』は、いずれ世界各国で翻訳されるでしょうが、まずは日本の皆さんが最も理解しやすく、また、その価値を評価していただけると確信しております。
皆さんの人生の中に於いて、誰でも一度は考えたことがある、極めて素朴な疑問に対して、誰でも明瞭かつ明確に理解できて、尚且つ、素直に納得がいくことと思っております。

例えば、次のような素朴な疑問です。
なぜ、私はこんなに広い宇宙があるのに、地球という惑星に住んでいるのかしら？
何故、私はフランスではなく日本に住んでいるのかしら？
なぜ、私はアメリカ人ではなく日本人なのかしら？
何故、私は裕福な家庭ではなく、貧困な家庭に生まれてきたのかしら？
なぜ、この人が私のお母さんで、あの人が私のお父さんなのかしら？
何故、私は運がないのかしら？
なぜ、私はこの人と結婚したのかしら？
何故、この子たちが私の子どもなのかしら？
なぜ、私はこの人と関わらなくてはいけないのかしら？
何故、私は女性として生まれてきたのかしら？
なぜ、僕は男性として生まれてきたのか？
何故、私は勉強ができないのかしら？

なぜ、私は自分のことが嫌いなのかしら？

何故、私は何事にも否定的なのかしら？

なぜ、私は自信がないのかしら？

何故、人は死ぬのかしら？

などといった、極めて素朴な疑問に対して、今まで人類の歴史を通して誰一人として、何一つまともに答えてこなかったという、厳然たる事実があります。


そのこと故に、今まで多くの人が生きる目的も希望もなく、仕方なく生きて、仕方なく死んでいかざるを得ない、刹那《せつな》的にもはかなく、虚《むな》しい人生で終わっていきます。

故に、歴史を通してさまざまな問題が、次から次へと提起され、複雑化して混沌と混迷を極めてきました。

これに対して「ゼロの革命」は、すべての相反するモノが、ゼロ・バランスに方向付けられて存在している、宇宙のメカニズムとシステムに従って、一人ひとりの**「何故《なぜ》という素朴な疑問」**に対して、すべてお答えすることができる、世界で唯一無二の魔法の手引書であると確信しています。

また、世界のありとあらゆる問題や課題も同時に解決することができると確信しています。

今、世界の何を変えなければならないか

改めて地球の今、現在の状況を見ると、まさに人間が作り出したさまざまな矛盾に、「ゼロの法則」を当てはめてみますと、相反するもののせめぎあいが「ゼロ」に向かって軋《きし》み合い、悲鳴を上げているような、終末期の断末魔が訪れているかのような様相を呈しています。

今までの経済至上主義や科学万能主義的な、人間のエゴイズムとナルシシズムによって、資源を使い、食物を消費して、地球温暖化をはじめとした、数々の環境破壊が顕著となりつつあります。

年間、数千種ともいわれる生物が絶滅していき、工業副産物として人工的に創り出されたダイオキシンなどの環境ホルモンによって、人体への悪影響が現実のものとして顕現しています。

年々、癌の死亡率は急増しつつ、その他にも新種のウィルスなどの出現により、今や人類によって、地球全体の生態系が、根底から覆されようかという危機に直面しています。

今後も、今までのような理論の枠組みと価値観で大量消費、大量生産を続けていくとしたら、モラル・ハザード（倫理の欠如）が世界規模に蔓延して、地球環境と世界秩序が崩壊し、やがて、人類は自己破壊と自己破滅の道を歩むことになります。

性の淪落や家庭崩壊、学級崩壊、モラル・ハザード、自然環境に於ける生態系の崩壊、**世界規模で広がりつつある宗教テロ**などの問題は、人類にとって早急に対処しなければならない懸案事項なのです。

なぜ、こうした問題が次から次へと発生して、抜本的な解決が困難になりつつあるのでしょうか。これは、今の我々の社会が、二〇世紀までのエゴイズムにひた走った結果であり、「ゼロの法則」に当てはめてみれば、強いエゴイズム（自己中心性）とナルシシズム（自己満足）による、他者との摩擦や軋轢《あつれき》、葛藤による結果によって、**「ストレスによる自傷行為」**に陥っているからだと思います。

二〇世紀までの成功の定義や理論の枠組み、競争原理に基づく価値観や科学技術などの、権力闘争、対立するものの果てしない葛藤と摩擦の延長線上を、まだ、ひた走り続ける我々には、最早、限界がきていることの証明でもあります。

人類がここまで来てしまったもう一つの側面は、果てしない競争原理による葛藤と摩擦を繰り返しながら、それでも核戦争のような決定的な危機はまだ先のことだという、全く根拠のない憶測や推測による安心感に捉《とら》われてしまったからです。

この根拠のない安心感によって、今までの理論の枠組みや社会の枠組みを、根本的に変えることなく、旧態依然のまま何の疑いもなく踏襲し、過分なる現世利益のためにだけ努力してきた結果、今日の行き詰まりに至ったのだと理解しています。

現実の社会体制にしても、二〇世紀までの男性型支配構造に基づく、ピラミッド型社会の理論の枠組みと価値観を維持するため、政治家と官僚支配機構の温床としてシステム化されてきた、立法府と行政府の弊害にあるのではないでしょうか。

倫理や心の問題に対処することを期待されるはずの宗教も、今までの地球論的な価値観や枠組みに基づく、常識論や良識論では、今後、世界の調和と秩序を構築していくことは不可能になってしまったと思います。

「ゼロの法則」から導かれる人類の進むべき道

こうした現実を目の前にした時に、我々が進むべき道は二つあります。

一つの道は、二〇世紀までの**地球論的な目的と価値観**に基づく、理論の枠組みと価値観を変えず、そのままパラダイムを強化して、決定的な危機を迎えて、多くの犠牲を伴って改革を余儀なくしていく方法です。

もう一つの道は、抜本的に理論の枠組みと価値観を、**宇宙論的な目的と価値観**に基づく、パラダイムに創り変えて、危機そのものがない社会を創り出すという方法です。

つまり、人類が、社会矛盾に対するあらゆる、**「負の遺産のストレス」**から手を引こうとしている現在、そして、宗教闘争による核テロという、新たな世界的な危機がいよいよ決定的になりつつある現在、我々は抜本的に宗教理論を超えた世界規模の理論の枠組みを、宇宙論的な目的と価値観に基づいて創り変えなければならないのです。

一人ひとりがそうした**「パラダイム・レボリューション」**（理論の枠組みと価値観の革命）略

して**「パラレボ」**を完結して、危機そのものがない社会を創造するという方法をとるべき時に来ています。

たとえ、それがどんなに大変で困難なことに思えても、我々が生き残るためには重要な決断をするＴＰＯ（時と場と状況）を迎えていると思うのです。

現在の私たちは、競争原理にいつしか飼い慣らされてしまい、理性は麻痺《まひ》した状態になっています。しかし、これが大きな勘違いであり、間違いだったことに気付きつつある若い人たちが、二一世紀になって急激に増えてきている事実があります。

なぜならば、人格的な向上心を無視して、他者の評価を獲得する競争での間違った自己実現と、過分な現世利益を追求してきた結果が、あまりにも多くの負の遺産を創ってきたことに気付き始めたからです。

本書**『ゼロの革命』**を、言葉の語義上の理解ではなく、言葉に宿る精神、「言霊《ことだま》」で納得したならば、人生そのものが、生き方そのものが変わります。

そうすればあなたは、過去の恨み辛みなどの、不快な感情から解放され、未来の病気や死などに対する、不安や恐怖からも解放され、人生そのモノが小躍りするほど、楽しくなることを確信するでしょう。

私は今まで生涯にわたって、自分の人生を**「言霊の壁」**に阻《はば》まれてきたように感じてなりません。同じ民族であり、同じ国の言語を使っているにもかかわらず、なかなか通じ合えないのはなぜなのかと悩んだ時期もありました。

言葉は同じであっても、**「人格次元」**（心の次元）や**「霊格次元」**（魂の次元）が違うと、全く噛み合わないし、通じ合わないということを、全共闘時代の学生たちとディベートしてみて、彼らの恨みの強さで思い知らされました。

AI革命（人工知能革命）で今後、世界はどのように変化するのか

人類はホモ・サピエンス（知的生命体）として、高度の知識を得ることに成功し、高度の科学文明を手に入れ、霊長類の頂点に立つことができました。

しかし、最近は電子技術によるＡＩ（人工知能）が、人間の知識を遥《はる》かに超える時代に突入しました。

人間の知能とＡＩとの決定的な違いは、どこにあるのでしょうか。

それは、人間の知能の記憶回路と処理能力と、ＡＩの記憶回路と処理能力の圧倒的なキャパシティーと持続可能性の違いです。

人間の知能は脳細胞に記憶として集積され、加齢に伴って脳細胞の死滅と共に、記憶は消えていき、処理能力も同じように衰えていきます。

しかし、ＡＩはオペレートするごとに、あらゆる情報を集積回路（コンピューターの頭脳）に、学習しながら無尽蔵にビッグデータとして記憶していきます。

人間の知能とＡＩは真逆のメカニズムとシステムになっています。

人間の脳の記憶は、極めて曖昧《あいまい》で不正確ですが、ＡＩの記憶は理路整然と整理されていて、極めて正確であり、且つ、学習能力を備えているということです。

今や、プロの将棋や囲碁の棋士でさえ、ＡＩにはなかなか勝つことができません。数学や物理学などに於いても、超難問の計算の能力では、遥かにＡＩが上回っています。

最早、量子力学や宇宙工学の世界では、ＡＩはなくてはならない存在になっています。

近未来には、ＡＩとロボット技術によって社会構造そのものが大きく変わり、人間がやらなければいけなかったことは、すべてＡＩがシステム化しプログラミングして、ロボットが行う時代が訪れます。

特に、高度な知識を必要とする、医者や弁護士の分野などは、ＡＩに取って代わられる時代が必ず訪れます。

なぜかと言いますと、高度な知識を必要とする分野ほど、間違いがあってはいけませんので、正確で的確な診断や公正かつ公平な判決を厳しく求められるからです。

医者や弁護士は特に情報の管理能力と処理能力を問われる分野ですので、その点、ＡＩは誤診や判断ミスを限りなく少なくすることが可能だからです。

医学に於いては、あまりにも複雑怪奇な人体構造のため、すべての情報を一人の頭脳に記憶させることは不可能です。

そのために、内科や外科、婦人科、小児科などに細分化して、それぞれの専門医を育てるしかありません。

法学に於いては、六法全書をはじめとして、憲法や法律、条例に至るまで、すべてを頭脳に記憶することは不可能です。

さまざまな犯罪事例や裁判事例を記憶することは、それ以上に大変なことですので、犯罪事例や訴訟事例に従って、民事や刑事、特捜などの専門の検察と弁護士を置かなければなりません。

ＡＩの優れているところは、このような専門分野に関係なく、すべての情報を一括管理し、トータルで判断し、正確な診断や公正な判決を可能にすることができるからです。

経済に於いても、株のトレードや為替の変動に瞬時に対応し、的確に判断して処理することが可能になります。

すでに、ＡＩは人間の知能を遥かに超えましたので、これからは頭脳競争の学歴至上主義の時代は終焉を迎えることになります。

今やスマートフォンを持っていれば、天才的な頭脳の分身を持っているのと同じで、ありとあらゆる情報を、いとも簡単にリアルタイムで入手することができます。

スマートフォンのような携帯ＡＩである人工知能は、たとえ破壊しても取り換え可能であり、日々、進化してバージョンアップしていきますが、人間の頭脳は破壊したら取り替え不可能で日々、退化してバージョンダウンしていきます。

人間の知能は、人工知能よりも劣っていることが証明された以上、人間が唯一、上位に立てる分野は、心とか精神といったスピリチュアリズムのエモーション（霊的情動）の分野だけになります。

ＡＩ革命によって、知識を身に付けるための学校教育は無意味であり無意義となり、無邪気で貴重な幼少期から青年期は、家庭心育が人生の重要なコンセプトとなります。

これからの時代は、ＩＱ（頭脳の指数）を追求する時代ではなく、ＥＱ（人格の指数）を追求していく時代になります。

心と精神が立派に成熟したら、自然と知識は身に付いていくようになります。

人類の進化の歴史は、哲学先行型（心）であり科学追従型（知能）だからです。

科学が先行していたら、親兄弟が殺し合った戦国時代に、核爆弾によって人類は、すでに滅亡していたことでしょう。

ゼロの法則に基づいて、ＡＩ革命は、旧態依然の古い精神文化と科学文明を破壊し、新たに進化した精神文化と科学文明を創造する、大転換のゼロの基点となることを、私は確信しております。

人類の進化は、ホモ・ハビリス（道具を使う人）からホモ・エレクトゥス（二足歩行をする人）に進化を遂げ、今現在はホモ・サピエンス（知識を使う人）まで進化を遂げて来ました。

人類は今後、ホモ・サピエンスからホモ・フィロソフィカル（心を使う人）に進化を遂げていく大転換期を迎えています。

人類はホモ・サピエンス（知的生命体）からホモ・フィロソフィカル（哲学的生命体）に進化を遂げる時代に差し掛かったのではないでしょうか。

私が「ゼロの革命」にたどり着いた決定的な体験

本書**『ゼロの革命』**は、私が大学病院時代に於ける、二十七歳の時の超常的かつ霊的な体験に基づいて、書き下ろしたものです。

今まで公表しなかった理由は、何分《なにぶん》、死後の世界から垣間見た話でもありますから、私としては、オカルトチックに思われるのも極めて心外であり、遺憾でもあったからです。

また、変に宗教的な低い次元の誤解や、精神世界のような自己満足や自己陶酔で捉えられても、という気持ちがありましたので、三十五年間、悩み抜いた末の結論として、今、ロシア革命（唯物論）から100年を経過したこの年に、真逆のゼロの革命（唯心論）を出版することを決断した次第です。

それは、夏の暑い休日の出来事でした。午後の三時から友人のドクターと、テニスの約束をしていました。

午前中に一汗かくつもりで、ジョギングした後に昼食を取って、まだ時間もあることだと思い、ベッドに横になって本を読み始めたその時でした。

突然、今までに経験のない、強烈な眠気に襲われたかと思った瞬間に、肉体が急に重くなり、今にも自分の肉体が押し潰《つぶ》される勢いで、どんどん重くなって、肉体がこんなに重いものなのかと思った瞬間に、私の意識は無重力の空間に解き放たれた軽さを感じました。

このように言うと、多くの人が、「それは夢を見たんでしょう。夢の中では、よくそんな感じを味わうことがありますよ」と言います。ところが、それが単なる夢ではないことが、私にはよく分かっているのです。

夢というのは、眠りの浅いレム睡眠か、眠りから目が覚める時に見るものであって、深い眠りのノンレム睡眠や眠りに入った直後には見ることがありません。

私は、「眠りの哲学」というものを提唱しています。

私たちは一日のうち約三分の一は眠っています。一生涯のうち、約三分の一は眠っていることになります。

なぜ、眠りは毎日、訪れるのでしょうか。それは、眠りというのは、一日を一生として、一日の向上心の成果を眠りという「死の疑似体験」を通して、魂が死後の霊界に毎日、届けているからです。

強度のストレスや睡眠障害があると、なかなか眠りに就くことができません。たとえ睡眠薬で眠ったとしてもレム睡眠のように眠りが浅く、奇妙な夢ばかり見て、すぐに目覚めてしまいます。このような睡眠では魂の成果の恵みにはなりません。

精神的に安定して、一日の成果が多くあると、魂は満足感によって高次元の霊界に行くため、深い眠りに就くことができます。

すなわち、眠りは一日の向上心の成果によって決まり、質の高い眠りは高い次元の霊界に行き、質の低い眠りは低次元の劣悪かつ醜悪な霊界に行きます。

ですから、深いノンレム睡眠に入ることによって、夢などは一切、見ることがありません。故に、夢とは全く掛け離れた、私の視界に飛び込んできた光景は、私が住んでいる現世とは、全く違うことが瞬時に理解できました。

見慣れた現世の世界とは全く違う光景ですので、仮に死後の世界、高次元の**「霊的世界」**としか言いようがない世界が、目の前に広がったのです。

私が垣間見ている世界は、地球における霊界、**「地球霊界」**であることは容易に理解できました。

それを見ている自分の立ち位置、自分のいる世界は、「地球霊界」の外にあるのだということも理解できました。

すなわち、「地球霊界」の中にいるのではなく、地球霊界の外、**「宇宙霊界」**という場所にいることが直感的に理解できたのです。

「場所」と言っても、常識的な「知識」という枠組みで捉える物理的な空間とは違います。これも初めての人には理解が難しいかもしれませんが、本書で詳しくお話しする「意識場」の世界であり、「知識」という枠組みの中に存在する不自由なものではなく、「意識」という枠組みのない、全く自由な世界観なのです。

知識と意識の決定的な違いは、知識は理論の枠組みの中でモノを作り出す不自由なもので、意識はすべての枠組みから解放された自由なモノです。

すなわち、知識は不自由なモノであり、意識は自由なモノであって、全く真逆のベクトルに方向付けられています。

この意識場である宇宙霊界からは、地球霊界が見えるだけでなく、宇宙霊界も見えます。

「木を見て森が分からず」と言うことがありますが、宇宙霊界から垣間見た地球霊界と、宇宙霊界から宇宙霊界を垣間見た世界観が、あまりにも違っていたことに、驚愕《きょうがく》し愕然《がくぜん》とした記憶が、今でも鮮明に残っています。

スウェデンボルグ（18世紀の偉大な科学者であり霊能者）や臨死体験者が地球霊界で経験した内容と、私が宇宙霊界で経験した内容は、まったく相容れない真逆の情景を創り出していました。

とにかく、宇宙霊界と地球霊界は、すべてに於いて真逆のメカニズムとシステムによって運行されていて、今まで見ていた地球霊界が、宇宙霊界と比べた時、いかに違和感と不自由で不快感に満ちていたかが、今でも記憶として焼き付いています。

現代の人間社会に於ける、文化を基礎付ける宗教や哲学の世界も、文明を基礎付ける科学の世界も、宇宙には到底及ばない、摩訶《まか》不思議な世界観がそこには広がっていました。

私は、こうして生きながらにして、四時間ほど死後の世界を垣間見てきましたが、私の意識は数千年の時を旅してきたように思われました。そして、人生に於ける終末後の世界を垣間見て、ある種の答えを見出してしまった感が否めなかったのです。

本書に書いたことは、宇宙霊界という答えを垣間見た結論から、導き出された法則や原則や理論ですので、この世に同じものは二つとして存在しません。もし存在したら、本書から盗用したか盗作したと理解してください。

私は、貴重な霊的体験に基づいて、私だけの創意により、私なりの確信と信念の下に、本書を書き下ろしたと自負しています。したがって本書には、過去のどんな高名な科学者・哲学者・宗教家・芸術家などの引用もありません。

人類は、彷徨《さまよ》い続けて、今も尚、彷徨っています。それは「ゼロの法則」から言っても、避けられない宿命でもあるのですが……。

宇場　稔

1章

不自由な「地球生活」から解放される、自由な「宇宙生活」とは

——死線を超えたところに人生の共通目的がある

母から与えられた、人生の課題

人間は何の目的で地球という星に生まれてきたのでしょうか。そんな素朴な疑問に歴史を通して、誰ひとりとして答えてこなかったのではないかと思います。

何のために人間は生まれて、生きて死んでいくのかが分かりませんでした。

私が十歳の頃の十五夜の日に、母と二人きりで中秋の名月を見ながら、ささやかなお供え物を頂き、歓談していた時のことです。

母がこんなことを私に話してくれました。「稔、どうして宇宙がこんなに広いのか分かるか?」と、尋ねてきました。

私は、分からなかったので、素直に、「分かりません」と答えました。

母は一言、「それはお前が死んだ後、住むために準備されている場所だから、宇宙に恥じないように、広い心で生きなさい」と言われました。

それ以上のことは何も言ってくれませんでした。しかし、私はその言葉がやけに印象深く記憶の中に焼き付けられたのを、今のことのように覚えています。

私はまだ幼かったので、母が私に嘘を言うとは全く思っていなかったものですから、そのままの言葉を腑《ふ》に落としました。

その時から私の宇宙に行くための、人生探しの旅が始まったように思います。

死線を超えたところに、人生の共通目的がある

私のクリニックに相談に来られたご婦人が、性格の不一致で八年目にして離婚し、二人の子供を連れて実家に戻ったそうです。

そして、ご両親に尋ねたそうです。「お父さん、お母さん、人生の目的は何ですか」と、そうしたら、オウム返しに、「何を言っているの、そんなものあるはずないじゃない。頭でもおかしくなったの?……」と言われたそうです。

皆さんは、ご両親や学校の先生、会社の上司や誰かに、人生の存在目的と存在価値について教わったことがありますか?

宗教団体に尋ねてみれば、念仏や御経、先祖供養や布教、伝道、お布施などを教わり、宗教活動や選挙活動を強要されるのが関の山です。

私たちの身の回りを見渡してみると、目的もなく存在しているものは何一つありません。すべてに**存在目的**があって、**存在価値**を完結するように方向付けて存在しています。

人生の目標はそれぞれにあるようです。しかし、どういう訳か共通の目的となると誰も見出してはいません。

超一流のプロ野球選手であっても、一生涯にわたって野球を続けることはできません。いつか、バットとグローブを手放して、新たな人生を生きなければならない時が必ず訪れます。

目標は、一人ひとりの個性の自己実現であり、目的は、人類共通の本性の自己完結です。

故に、**「目標は自己実現であり目的は自己完結」**しなくてはいけない、これが人類の共通目的となります。

しかし、これまでの人類の歴史の中では、地球星に於ける宇宙の中の存在目的や、人生に於ける共通目的に対する、個々の役割や責任については一切、誰からも言及されていません。

自分はなぜ、地球星の一つの生命体として生まれてきたのか、何を目的に今を生きるべきなのかなど、真の目的のない人生に対して、何を見出して生きていったら良いのでしょうか。

今の世の中は、現世利益の場当たり的な目標のためだけに終始して、富士山の頂上が分からず、青木ヶ原の樹海を彷徨《さまよ》っているような生き方をしているのと同じです。

一人ひとりの現世での自己実現のための目標はあったとしても、共通の宿命として訪れる、死線を越えたところにあっていいはずの、人類の共通の自己完結すべき目的がないのです。

人生の存在目的と存在価値を見出せないまま、共存、共栄、共生、共育という言葉だけが独り歩きして、調和と秩序の欠落した社会構造が、歴史の中に連綿と織り成されてきました。

人間の最も愚かなところは、人生に於ける共通の存在目的と意味と意義と存在価値を見出していないことだと思います。

子宮生活は地球生活のための準備期間

私たちが地球生活をする前は、どこにいたかといいますと、お母さんのお腹の中にいました。

お母さんのお腹を通過しないで、この世に生まれ出てきた人は誰もいません。イエスはマリアから生まれ、釈迦はマーヤから生まれました。

では、子宮生活の40週という期間は、何を目的としていたのでしょうか。

結論です。子宮生活の40週の目的は、唯一、地球生活をするための準備期間です。

目を作り、鼻を作り、口を作り、耳を作り、五臓六腑、四肢末端に至るまで、子宮の中で作られはしますが、すべて子宮では必要のないものばかりです。

子宮の胎盤からへその緒を通して、酸素をもらい栄養をもらって、母親の子宮の中で完全依存して育っていきます。

母親が堕胎を決意したら、子供は生まれてくることができません。

子宮生活に於ける40週が、地球生活をするための、人格形成と肉体形成にとって重要であり、屋台骨と骨組みを形成する、重要な準備期間であることがよく理解できます。

世間一般の親は、子供は生まれてから育てるものと、理解しているようですが、それではすでに手遅れです。

肉体進化の道先案内人は遺伝子ＤＮＡです。肉体進化はいつするのかといいますと、卵子が精子を受精したその瞬間は原始生命体であるバクテリアやウィルスのような単細胞生物の状態から始まります。

単細胞から一気に細胞分裂が始まり、38億年の進化の歴史をＤＮＡの記憶回路に従って細胞分裂を繰り返し、僅か２ヶ月足らずで父親と母親の遺伝情報まで到達します。

その時に、遺伝子ＤＮＡの構造配列の最後の一列に、受胎降臨した胎児の意思によって、新たな遺伝情報が書き加えられ、上書き保存の法則に従って、構造配列の配列転換をなして、遺伝子の組み換えがなされ、胎児の肉体としての肉体進化がなされます。

肉体進化のメカニズムは、地球生活に於ける環境適合のデータを基盤にしてなされてきました。肉体の設計図であるＤＮＡの基盤は、**女性のミトコンドリアDNA**にだけ書き込まれ、すべて母親の子の宮である子宮で、遺伝子の構造転換がなされ、書き換えられていきます。

肉体進化は誰がするのかといいますと、母親と胎児の個性と意思に基づいて、進化が方向付けられ、胎児の意思と個性に従って、胎児の肉体としての遺伝情報に書き換えられ、上書き保存の法則によって肉体を進化させ、現世に生まれてきます。

故に、同じ両親のＤＮＡから生まれた兄弟であっても、顔かたちや性格がすべて異なっているのは、この理由からです。

肉体進化は自然環境や社会環境などの地球環境に於ける、単なる環境適合だけで機械的かつ物理的にＤＮＡの組み換えがなされる訳ではありません。

もし、同じ地球の環境下で、すべての生物が等しく肉体進化を遂げていくとしたら、地球内生物はこんなに多種多様な生物が存在するはずがありません。

遺伝子ＤＮＡは地球内生物の共通分母であり、鳥と人間の違いは何処にあるかといいますと、共通分母の上に乗っている分子である、**「個性に基づく意思」**に進化の違いが現れます。

鳥は空を飛びたいという強烈な意思と個性に従って、鳥へと進化を遂げてきたのです。

肉体進化はどのようにするのか

肉体進化はどのようにするのかといいますと、母子ともに相互互助による、共存、共栄、共生、共育という生命体の、子宮内コラボレーションによって、遺伝情報の書き換えを完結して肉体進化を遂げていきます。

胎児は自らの意思と個性によって、母親の愛に包括され統合されることによって、遺伝子組み換えが可能となり体質改善されます。

妊娠と子宮生活という摩訶《まか》不思議な生命の営みの中で、慈悲と慈愛による父母の愛によって子宮生活を過ごした胎児は、人格に最も必要とされる愛の素材と、肉体に最も必要とされるＤＮＡの組み換えをしていますから、精神的にも肉体的にも安定した人生を送ることが可能になります。

しかし、この反対の場合、父母の愛を受けていない、自立もできていない若い男女が、社会の何たるかも分からず妊娠して、毎日、不快な感情で罵倒し合い、非難し合って、夫婦喧嘩が絶えず、嫁姑の確執もあり、母親の精神的要因による自家毒によって、劣悪な子宮生活を余儀なくされていきます。

そのような胎児は、絶えず父親の暴力に怯《おび》え、母親の劣悪な感情の一部始終を感じ取りながら、精神的な苦痛の中で人格破壊がなされていきます。

その結果が非行や不登校、イジメ、家庭内暴力、引きこもり、ニートなどの元凶となっている事実が少なくありません。

母親がマタニティーブルーや妊娠うつに陥り、自己嫌悪と自己否定による自傷行為や自壊行為が、胎児の心霊を著しく傷つけていきます。

出生後の環境で人格形成が決まる

子宮で母親と生命共有体であった胎児が、子宮から生み出され、へその緒を切られた瞬間に、母体離脱して一人の独立した生命体としての人格形成が始まります。

どんな人でも生まれてくる時は、地位や名誉や財産に関係なく、人種や宗教の違いも関係なく、平等に裸で生まれてきます。

死に逝《ゆ》く時は皆、人生の生き様に関係なく、現世利益で得たすべてを失い、肉体すら焼かれて土に還ります。

しかし、この世に生まれた後に、待ち受ける環境は一様に異なっていて、どのような国に生まれ、どのような民族に生まれ、どのような家族に生まれたかで、地球生活に於ける人格形成は著しく異なります。

例えば、日本で生まれた人格形成と北朝鮮で生まれた人格形成では、あまりにも国家的な環境が違いすぎますので、人格形成は大きく異なります。

日本民族として生まれたのと、アラブ民族として生まれたのでは、宗教の違いによっても大きく異なります。

このように出生後に迎えられた環境によって、地球生活に於ける人格形成に大きな影響を与えることになります。

進化の原動力は向上心

地球生活において目的もなく、80~90年間も生きる必要性が一体、何処にあるのでしょうか。子宮生活に於ける40週でさえ地球生活をする目的のためにあった訳ですから、当然、地球生活に存在目的と存在価値がないとしたら、地球生活そのものの意味と意義を失うことになります。死んでしまったらすべてが終わりとか、死んだらすべてがなくなると言う人がいますが、本当にすべてが無に帰すのであるならば、進化の目的は一体、何処にあるのでしょうか。

ここで興味深い話を一つしておきましょう。

91歳の戦争体験者が終戦記念日に語った内容です。彼は、南洋の島で米軍と白兵戦をしていたそうです。

その時、彼は無我夢中で一心不乱に銃を撃ち続けていたそうです。しかし、カチッという音とともに、弾が切れてしまいました。隣の戦友から弾を分けて欲しいと思って、横を向いたら戦友は、すでに血まみれになっていて、何の返答もありません。

あたり一帯を見回してみると、ほとんどの戦友たちが行き倒れています。弾も尽き、いよいよ、自分の命も尽きるのかと覚悟を決めたそうです。

ところが、死に直面した瞬間、フッとある思いが一瞬、湧き上がってきたそうです。

「俺は、いよいよ死を迎えるけど、お父さんとお母さんに対して、親孝行をしてきただろうか？

……」と、自分自身に問いかけたそうです。

「いやいや、親不孝ばかりはしてきたけど、一度として親孝行らしいことはした覚えがない」と思った瞬間、両親に申し訳なくて、このままでは死ねないと、涙が溢《あふ》れてきたそうです。

死を受け入れられない苦悶と葛藤の中で、また、フッと思いが湧いてきて、「そうだ、俺は親不孝な息子だったけど、今、国家国民のために死んでいけるのであれば、それでよいではないか」と思ったら、無条件で死を受け入れる気持ちになったそうです。

その直後に、後頭部に銃口が突き付けられ、すでに背後は米兵に取り囲まれて、捕虜となって数年後に無事に帰国したそうです。

最後に、インタビュアーが、「どうしてその時は、そんな気持ちになれたのですか？」と尋ねたところ、彼は、「分かりません」と答えてインタビューは終了しました。

死を目の前にして、親不孝のままでは死ねないと思った彼が、国家国民のためなら死ねると、死を受け入れた心情の変化は、何を示唆しているのでしょうか。

死に直面した時に、本性が出ると言われますが、人間の本性は何なのでしょうか。

人間の本性は、一言で言って、**「向上心や公徳心、仁篤心」**にあるのではないでしょうか。

個人的には親不孝な人間でも、家族のため、氏族のため、民族のため、国のため、世界のためといったように、より次元の高い公儀のために貢献することに、ある種の生き甲斐や達成感などを持つように、本性の中に仕組まれているのではないでしょうか。

この公的な貢献に対する向上心や公徳心が、進化というプロセスの原動力になってきたと思います。

死の先に新たな受け皿がないとしたら、死を直前にして向上心によって、死を受け入れる意識にはならないと思います。

死んですべてが無に帰すとしたら、バクテリアで死んでも、ゴキブリで死んでも、人間として死んでも、最終的に等しく無に完結する訳ですから、進化というプロセスは何の意味も意義も持たなくなり、歴史そのものが否定されることになります。

無に帰す生命自体が、存在目的と存在価値を失いますから、バクテリアという原始生命体の誕生そのものも無意味であり無意義になります。

地球生活は宇宙生活のための準備期間

地球生活の目的と価値は一体、何処にあるのかといいますと、頭上高く見上げると、そこには広大無辺なる宇宙というものが、厳然たる事実として存在しています。

子宮生活も地球生活も荒唐無稽ではなく、厳然たる事実として存在しています。

宇宙が厳然たる事実として存在している以上、地球生活の目的は、地球を超越した存在である宇宙生活のためにあるということになります。

すなわち、地球生活の次の段階として地球霊界があり、その上位の段階に「宇宙生活」があるということになります。

宇宙生活などというと、人間が作り出したSF映画の宇宙船の中の生活か、宇宙空間に放り出されてあてどなく彷徨う、宇宙飛行士のようなイメージを持つかもしれません。

これは全く次元の違う話です。現在の地球生活から、宇宙生活に移行するということは、分かり易く言いますと、肉体という地球での活動や移動のために魂が着用していたモビルスーツを脱いで、宇宙生活のためのモビルスーツに着替えるということです。

「はじめに」でも書いたように、私はこの世界のことを、「宇宙霊界」と呼ぶことにしています。

地球生活の存在目的は、死線を超えたところにある、宇宙生活をするための準備期間として唯一存在しています。

地球生活の存在がなければ、子宮生活という準備のための場所と時間軸は必要がなくなり、宇宙生活の存在がなければ、地球生活という準備のための場所と時間軸の必要性は全くありません。

しかし、胎児が子宮で地球生活を理解して過ごしていた訳ではなく、当然、私たちも宇宙生活を理解して過ごしている訳ではありません。

よく聞かれることに、あの世に行ってこの世に帰ってきた人はいないという人がいますが、この世に生まれて子宮に帰った人もいません。

私たちは、常に未知の世界に突き進んでいます。

地球生活の目的は唯一、宇宙生活をするための準備期間であり、その目的以外の何ものでもないことを、宇宙はすでに示唆しています。

霊界に行くための準備は、死を迎えた時点で終了したことになりますので、葬式を行う意味と意義は、死者の霊には全く関係のないことになります。

死人のことは死人にのみ任せなさい。と言われる所以《ゆえん》です。

この地上に生きている者たちの慰めと、死者と別れるケジメや負債に対する覚悟と清算のために、一つの区切りとして行う自己承認のための行事です。

では、宇宙生活をするための準備として、地球生活に於いて、一体、何を準備したらよいのでしょうか。

それは、宇宙生活をするという目的感に徹して、高次元の向上心に基づいた、愛の理想の人格を準備することです。

地球生活の環境は多様かつ複雑化していますので、人間にとって最も影響がある、基本的な人格形成の環境と経験について言及します。

人格形成は父母の愛に基礎付けられる

地球生活に於いて、最も大きく人格形成に影響を与える環境は、生い立ちに基づく家庭環境にあります。

人格形成に於いて、最も向上心を身に付けるために、重要かつ必要な愛の素材となる要素は、子宮生活と同様に父母の愛によって形成されるからです。

それは親と子という愛の心情の通路によって拓かれ、生命そのものが原因と結果に直結しているからです。

自由な愛に基づいて、理想的な家庭を築いているとしたら、こんな家庭を築いていくことでしょう。

夫は妻のために生きたい。妻の喜ぶ姿を見たい。妻にとって尊敬される夫になっているだろうか。誇れる夫になっているだろうか。理想の夫として、理想の男性として、妻の目に心に映っているだろうか。

私は貴方の喜びのために存在しています。と言い切れるような生き方ができているだろうか。

妻がどうした、こうしたかの問題ではありません。自分が妻にとって理想の夫として、理想の男性として、そのような姿かたちになっているかが夫にとって、最大の関心事であり、人生の目的そのものであれば善いのです。

私が、私は、という主語のある生き方を通して、自己統合性を確立して、人生の存在目的に対して明確な、コンセプトとポリシーとアイデンティティーを、妻に対して行使する生き方ができて、理想の夫として自己完結していれば善いのです。

当然、妻も夫のために生きたい。夫の喜ぶ姿を見たい。夫にとって尊敬される妻になっているだろうか。誇れる妻になっているだろうか。理想の妻として、理想の女性として、夫の目に心に映っているだろうか。

このように夫婦が二人三脚で、共通の人生の存在目的と存在価値のために、愛を共有して、共に慈しみ合い、愛し合い、育み合い、理解し合う、愛の理想の夫婦の姿かたちを、ロール・モデル（お手本）として見せることによって、子どもは理想的な愛の中で人格形成をすることができます。

子どもに対して夫は父親としての役割と責任を完結して、愛の理想のロール・モデルになっていかなければいけません。

すなわち、父親としての理想像として、子どもたちの目に心に、背の姿が映っているかが重要なことになります。息子であれば将来、僕はお父さんのような理想の父親として、理想の男性になりたい。娘であれば将来、私はお父さんみたいな人と結婚したい。と思えるような愛の理想の父の姿として、理想の男性になっているかが重要な生き方となります。

特に父親は陰陽の法則によって、女の子に大きな影響を与え、女の子は父性の愛によって陰陽の人格的バランスを身に付けていき、将来の結婚する男性の基本的なロール・モデルとしてのボーダーラインが、父親像によって形作られるからです。

当然、母親も陰陽の法則から男の子に大きな影響を与えます。

人格破壊は父母の葛藤と摩擦に基礎付けられる

その真逆に、よく聞く話に、お父さんみたいな人とは結婚したくないと思って、結婚してみたらお父さんとそっくりだったと、嘆く女性が多く見受けられます。この法則を、「意識の相対性の法則」といいます。意識が相対するものによって、**「相対場の法則」**に基づく、引き合う引力と反発し合う斥力を派生するという法則です。

昔から、「子供は親の言うことは聞かないが、親がやったことはやる」とか「類は友を呼ぶ」「似た者同士」「犬猿の仲」「彼と私は水と油」などと表現されているのは、この法則に基づいています。

自分が経験した意識の範疇《はんちゅう》でしか相対性を結べないという相対性原力の法則です。故に、父親と類似した男性か、相似的な男性としか出会いがないし、引き合って付き合うこともできなくなるのです。

父親は娘に対して、「父性の愛の欠落症候群」に陥らないように思いを尽くし、心を尽くして愛すべきです。

性の偏差障害とは、家庭環境に於ける人格形成史に於いて、母性の愛と父性の愛が、男の子と女の子では明らかに違っていて、同じ兄弟姉妹であっても差別的な扱いを受けて、愛の減少感や喪失感によって、両親に対する嫌悪感や不信感による人格破壊に陥った現象を言います。

性の偏差障害については、性格や性質に大きな影響を与える重要な事案ですので、後ほど詳しく解説します。

性の偏差障害によって、性格が陽氣性に傾けばエネルギーを外に向けて父性の愛を求めて、性の偏差行動に陥り、未分化の性衝動によって性の淪落した非行へと陥っていきます。

その結果、セックスフレンドと称して不特定多数の男性と性的交渉を行ったり、非行グループに身を寄せたりして、性的欲望に支配され性の淪落した、セックス依存症の女性になるか、薬物依存症などに陥って、自己破壊から自己破滅に陥ることになります。

当然、母親としての役割と責任も果たしていかなければいけません。母親として理想の姿かたちとして、子供たちの目に心に、背の姿が映っているかが重要なことで、息子であれば将来、お母さんみたいな人と結婚したい。娘であれば将来、お母さんみたいな理想の母親として、理想の妻として、理想の女性になっていきたい。

将来の目標となれるような愛の理想の女性像として、背の姿がロール・モデルとして示されているかが重要なこととなります。

故に、親子に於ける理想の愛の心情基盤と心霊基盤を構築していくことが、人格形成に於いて重要なこととなります。

このように社会悪の元凶は、親子間の人格形成史に於ける、性の偏差障害に起因する性の偏差行動にあります。

男性は精子を植え付けることはできても、胎内で生命体を宿し育み、生み出すことはできませんから、母なる宇宙とか母なる海、母なる大地、母国、母校などといわれるように、生命を生み出し育てるものには、母が象徴的に付けられています。

愛の本質を理解して、子どもは母子一体である子宮生活の期間に、篤志の人格と仁徳の心を育てるべきだと示唆しているように思います。

この世に生まれたら自由な個性に従った、子どもの人生を送れるようにサポートしてあげることの寛容さが必要です。

依存の子宮生活よりも、自立の地球生活の方が自由

子宮生活は地球生活の準備期間であり、地球生活は宇宙生活の準備期間であるという、根拠と事実を検証して証明していきましょう。

重要なことは、生活する環境圏における時間軸の長さと場の広さの変化とその理由についてです。

子宮生活における時間軸は40週と極めて短く、場の広さは0・03㎥という極めて狭い不自由な環境を経験してきたという事実です。

地球生活の時間軸は80～90年で、子宮生活よりも格段に長くなり、場の広さはと言いますと、地表面積が1億5000万㎢、海洋面積が3億6000万㎢、地球全表面積は5億1000万㎢になり、子宮生活よりも遥かに自由を経験することになったという事実です。

すなわち、子宮生活は完全依存のため、極めて不自由な環境を経験してきました。

母体離脱した瞬間から、完全依存から自立して、呼吸から捕食などの生命活動は、自分でするようになった分だけ自由になりました。

依存度が高ければ不自由度が増し、自立度が高ければ自由度が広がります。

依存と不自由のメカニズムと、自立と自由のメカニズムは、宇宙の方向性を示唆しているように思います。

宇宙はさらに広い空間になりそうですから、さらなる自立をしなければならないのではないでしょうか。

1章のまとめ

◎人間の最も愚かなところは、人生の存在目的と意味と意義と存在価値を全く理解していないことです。

◎人生の共通の存在目的がないことが、夫婦が、家族が、世界が一つになれない最大の理由です。

◎不快な感情は依存と支配と不自由にあります。快喜な感情は自立と解放と自由にあります。

2章

時間軸に支配される「過去・未来」から、時間軸を解放する「今」へ

——不調和と無秩序を解決する「ゼロの法則」

宇宙はエントロピー相対性の法則

ここでちょっと宇宙に目を向けて見ましょう。宇宙に果てが有るのか無いのかということは、未知なる永遠のテーマでもあり、宇宙がどのぐらい大きいか分かる範囲で検証してみましょう。

太陽をドッジボールの大きさとすれば、10メートルほど離れたところに小豆より少し小さい大きさで地球があります。地球が33万個集まると太陽の質量と同じになります。太陽から100メートルほど離れたところに冥王星が存在しています。これだけでもいかに太陽系が広いかが想像できます。

その広い太陽系が何と二千億個も集まって銀河系が形成され、その銀河系がまた数十兆個も集まって島宇宙が形成され、更にその広大な島宇宙が数億個も集まって、やっと、大宇宙の大陸の一部が形成されていると言われますから、もはや想像を絶する広大無辺な広さです。まだまだ、その数は増えていきそうで、宇宙の果ては結局のところ何処なのでしょうか。

まず、宇宙を検証してみますと、広大無辺なる宇宙は、極めて調和と秩序を形成しながら、運行しているという事実です。

地球が誕生して46億年このかた、一度も不調和や無秩序をなしたことがありません。

地球が少しでもスピードを上げたら公転軌道から外れて、宇宙の藻屑《もくず》と化してしまいます。少しでもスピードを下げたら太陽に吸収されて木っ端みじんに破壊されます。

僅かな揺らぎによって、4年に一度のうるう年に時間調整を、地球の時間軸の事情によって行いますが、それにしても見事なまでに調和と秩序を形成しながら運行されています。

この**「調和と秩序の基本的な原則に宇宙の根本的な法則」**がありそうです。

ここで宇宙の時間軸と場を検証するにあたって、宇宙の基本的かつ根本的であり、重要な法則の中の一つを紹介しておきましょう。

なぜ、広大無辺なる宇宙が調和と秩序によって運行されているのでしょうか。

それは、**「エントロピー相対性の法則」**という法則があるからです。

科学の世界では、**「エントロピーは無秩序」**という意味で表現しています。

今後、**エントロピー**という言葉が出てきたら、**無秩序**と解釈し理解してください。

宇宙の哲学的な姿勢は、無秩序は必ず真逆に相対化して、調和と秩序へと方向付けようと働き掛けていく、という基本的な法則です。

この法則によって、宇宙のバランスと調和と秩序が保たれています。

エントロピー相対性の法則とは、相反するものが必然的に、共時的に同時に存在し、同時に消滅していく現象を言います。

例えば、プラスに対してマイナス、陰に対して陽、N極に対してS極、善に対して悪、破壊に対して創造、ネガティブに対してポジティブ、上下、左右、東西、南北、メシベに対してオシベ、女性に対して男性といったように、すべてが真逆のロジック（論理性）を内包して存在しています。

宇宙の哲学的な姿勢は、相反するものが相対的に向き合って、**「相対性原力の法則」**により、バランスのメカニズムを創り出す原因的な力によって、それぞれが調和と秩序を形成するように方向付けています。

プラスがなくなれば相対性原力を失って、マイナスも同時に消滅します。陰が消失すれば陽という存在も消えます。善という概念がなければ悪というロジックは存在しません。

すなわち、相反するものが、**「僅かな揺らぎの相対性原力」**によって、バランスのシステムをメカニズム化し、調和と秩序に方向付けて存在しています。

エントロピー相対性の法則は、**プラス＋マイナス＝中和、陰＋陽＝中性、善＋悪＝中庸**のように、大きな揺らぎ（大きな無秩序）から小さな揺らぎ（小さな無秩序）にエントロピーを、さらに無限に**減少化**させていくと共時的に、エントロピーは相対化して、真逆の方向に調和と秩序を無限に**増大化**していきます。

このように、宇宙には相反するものが、無限の低次元の相反するモノから、無限の高次元の相反するモノまで、次元に基づいて存在しています。

すなわち、内面的な心理的かつ精神的なものが、絶妙のバランスで圧縮されることによって、外面的な物理的かつ肉体的なものが、調和と秩序に方向付けられていく現象です。

例えば、人間社会に於いて人種差別や経済格差、宗教差別、男女差別などのありとあらゆる差別と格差という大きな揺らぎ（葛藤と摩擦）が減少していくと、家庭も社会も世界も安定して、調和と秩序を世界的に形成するようになります。

宇宙は時間軸のない今の連続性

この基本的な法則を理解した上で話を進めていきましょう。

では、宇宙の時間軸と場の広さはどのようになっているのでしょうか。

まず、そもそも宇宙に時間というものが存在しているのかという素朴な疑問について検証し、証明を試みてみましょう。

読者の皆さんが今まで教わってきたものの見方では、宇宙には時間と空間があり、その上にすべての科学や歴史が成立していると、思われてきたことと思います。

しかし、時間という概念は、人間の都合や使い勝手によって、人間の知識が人間のみに通用する枠組みとして、人間の人間による人間のために作り出した概念の一つに過ぎません。

事実、人間以外の動物や植物には一切、通用しない概念だからです。

太陽の日の出と日没の周期によって一日が定められ、月の満ち欠けで一ヶ月が定められ、それを細分化して時間と分と秒を人間が作り出しました。

ですから、もしこの宇宙に時間という概念がないとすると、アインシュタインの発見をはじめとする、すべての科学が無能化して風化してしまうことになります。

結論から言って、宇宙には時間という概念も事実も存在しません。宇宙には、**「今というゼロ時限のデジタルの瞬間」**のみが、**「今の連続性」**の中に**「永遠」**に存在し続けています。

すなわち、**「今」**という瞬間は、アルファでありオメガであり、初めであり終わりであり、原因と結果が同時に存在し、初めなき終わりなき、**「有って在るもの」**の存在です。

有って在るものとは、過去や未来という時間軸が存在せず、今という点のみが存在していて、「今」には軸のない、点であり続けていることになります。この時点で時間軸の範疇にある科学は、すでに無能化してしまいます。

科学の限界は、光の速さを超えるものは存在しないという、アインシュタイン理論の下に、すべての理論の枠組みと限界域を光速限界に置いたところにあります。

すなわち、科学は時間軸の範疇の中で物事を発想し、時間軸のカテゴリーの中で理論付けようと試みます。

今の初めは今であり、今の終わりも今であり、今の今も今しかありません。どこから尋ね求めても今は今でしかありません。

今を限りなく今に近づけていくと、**「ゼロ」**に近づいていきます。

有って在るものについては、後ほど、詳しく検証し証明いたします。

では、今がどのようなメカニズムで、創り出され消滅して、今が今としてあり続ける、持続可能なメカニズムとシステムとは、どのようになっているのでしょうか。

ゼロの揺らぎ理論に基づく相対変換の法則

この事実を「エントロピー相対性の法則」で検証し証明してみましょう。

遠い過去と遠い未来という、相反する大きな揺らぎを、小さくし、より小さくしていき、今というゼロに近づけることによって、今の中の初めと終わりが、今の今に近づこうとして、お互いが打ち消し合い、ゼロに限りなく近づいていきます。

今の今というゼロの状態とは、どのような状況を創り出しているのでしょうか。

今の終わりが今の今になろうとした瞬間に、共時的に、今の初めが今の今になろうとして、同時に打ち消し合って消滅していきます。

今の終わりと今の初めが、共時的に同時に消滅すると、今の今の**意識**は、今の初めになろうか、今の終わりになろうかと、一瞬、揺らいだ状態になります。

意識については重要なことですから、後ほど、詳しく説明します。

エントロピー相対性の法則に基づいて、相反するものが打ち消し合おうとした瞬間に、破壊と創造の原則に従って、新たな存在を創造しようとして、完全に消滅する訳ではなく、僅かな揺らぎが発生して、新たな今を創り出すメカニズムとシステムを備えています。

すなわち、**「ゼロそのものが、すでに揺らいでいる」**ことになります。

この僅かな揺らぎの瞬間を、**『ゼロの揺らぎ』Fluctuations of Zero**といい、これを創り出すメカニズムとシステムを基礎付ける理論を、**『ゼロの揺らぎ理論』Theory of Zero's Fluctuations**と言います。

このゼロの揺らぎ理論によって、新たな今の終わりが発生し、その瞬間に共時的に同時に新たな今の初めが発生して、今の終わりと今の初めが、今の今になれないまま、前足と後ろ足のように相互に入れ替わる、**『相対変換の法則』**によって、ゼロになろうとしてもゼロになれないまま、今の今というゼロの揺らぎによる不完全なメカニズムを創り出して、**『今を永遠に持続可能』**なシステムへと方向付けています。

「ゼロの法則」に基づく「ゼロの揺らぎ理論」

宇宙に存在するすべてのモノが、ゼロの揺らぎ理論によって創り出され、宇宙の初めも、宇宙の今も、宇宙の終わりも、ゼロの揺らぎ理論によって、有って在るものとして存在し続けます。

大きなスパンで分かり易く説明すると、過去が消滅した瞬間に、未来も共時的に消滅して、新たな未来が発生した瞬間に、新たな過去が生じて、過去と未来が相互に入れ替わる、相対変換の法則によって、ゼロになろうとしてもゼロになれないまま、僅かな揺らぎのメカニズムを創り出して、今を永遠に持続可能なシステムへと方向付けています。

宇宙は、エントロピー相対性の法則に基づいて、僅かな揺らぎの「**ゼロ・バランス**（ゼロを基点とした僅かな揺らぎ）」によって、調和と秩序を形成しながら、新たなモノを無限に創造しながら膨張し続けています。

ゼロ・バランスとは相反するものが、打ち消し合う瞬間に生じるゼロの揺らぎです。

この法則を、**「ゼロの法則」Laws of Zero** と言います。**ゼロは無にして無にあらず**と言えます。

宇宙はゼロの法則によって、今というゼロ時限に於いて、アルファとオメガが、初めと終わりが、原因と結果が、大きな揺らぎから僅かな揺らぎへとエントロピーを減少化しながら、ゼロ・バランスに近づくことによって、調和と秩序を拡大化しつつ、ゼロにはなれずに僅かな揺らぎの絶妙なバランスのまま、永遠に今であり続けています。

宇宙はゼロの法則によって、今を持続可能にし、永遠に方向付けて存在し続けています。

科学と物質世界はエントロピー増大型

宇宙に存在するモノは、すべてがゼロの法則に基づいて、エントロピーは減少化して、ゼロの揺らぎのバランスを形成することによって、真逆に調和と秩序を無限に拡大しようと方向付けています。宇宙は極小にして極大であり続けている根拠がここにあります。

宇宙は、**「ゼロの法則に基礎付けられて、エントロピーは減少し、調和と秩序が拡大する原則に方向付けられています」**。

すなわち、宇宙はエントロピー減少型のメカニズムによって、ゼロ次元に方向付けられていて、物質世界はエントロピー増大型のメカニズムによって、多次元（一次元、二次元、三次元など）に方向付けられています。

基本的には、多次元の科学の世界は「エントロピー増大の法則」に基礎付けられていて、地球星のような物質世界は、自由に方向付けることによって、無秩序が増大していくメカニズムとシステムになっています。

例えば、氷は分子や原子が秩序良く整理されて存在している状態です。しかし、氷を温めて水になると、分子や原子が勝手に動き出すようになります。更に、温めると気体となって、分子や原子の動きは闊達《かったつ》に動き回って、無秩序が増大化して、さらに勝手に動き出すようになります。

このように物質世界は自由に方向付けると、無秩序が増大するようになっています。

人間社会も自由を与えたら、何をするか分からないので、憲法や法律や条例で規制して、監視しなければなりません。

このような、物理的な現象を「エントロピー増大の法則」といいます。ちなみに、宇宙は、「エントロピー減少の法則」に貫かれています。

ゼロの揺らぎ理論に基づく死生観

人間の最大のテーマである、生と死に対する**死生観**を、宇宙の法則で検証してみましょう。

地球生活では生まれてから死を迎えるまでに、一般的には時間軸が80年から90年ほど掛かります。ゼロの法則に従って、生が一方的に死に近づいている訳ではなく、生と死はゼロに向かって、共に近づいていきます。

毎日、生を続けていくと、毎日、老化することにより、確実に生と死は共にゼロに近づいていきます。このように生と死が必然的に近づいていって、生と死がゼロの瞬間まで圧縮して、現世の生と死が出合うという、今の瞬間を迎えることになります。

生と死は「相対変換の法則」に基づいて、肉体の死が訪れると共に、共時的に同時に霊体の生が出現します。

肉体の生の消滅を証明するために、新たな霊体の生が受け皿として存在しないと、肉体の生そのものを否定することになります。

すなわち、エントロピーが相対化されないことになりますから、プラスを肯定してマイナスを否定する理論となり、偏向した理論になってしまいます。

さらに、霊体の生と死をゼロの揺らぎに近づけていくと、霊体の今の死が消滅する瞬間が訪れ、それと共時的に同時に霊体の今の生も消滅します。

霊体の今の死と生が消滅すると、ゼロの揺らぎ理論に基づいて、霊体の今の今を保存しようとする**意識**によって、霊体の今の生と死が、破壊と創造の原則に従って、新たに創り出されます。

意識については重要なことですので、後ほど詳しく説明させていただきます。

このように霊体はゼロの法則に基づいて、生と死のバランスを極限まで近づけて、僅かな揺らぎの相対変換の法則に従って、生と死のエントロピーを相対化し、生と死を瞬時に繰り返しながら、持続可能な生命体へと方向付けています。

ゼロの揺らぎ理論に基づいて、霊体は死の瞬間に生が現れ、生の瞬間に死が現れ、生と死を瞬時に相対変換させて、生きながら死して、死にながら生きている、**『死即生、生即死』**の持続可能なメカニズムが、霊体の本性であり本質として存在しています。

霊体は今というゼロ時限（ゼロ・バランスの今の揺らぎ）と同じ、ゼロの揺らぎ理論によって、今にあり続ける持続可能性を備えた存在であると言えます。このような霊体の現象を、**「ゼロの生命体」**といいます。

見えざる霊質世界では、ゼロの法則に基づいて、常に相反するものが、それぞれの霊質次元に於いて打ち消し合い、その瞬間に、ゼロの揺らぎ理論に基づいて、破壊と創造の原則に従って、新たに相反するものが進化しながら、瞬時に恒常的かつ恒久的に創り出されています。

故に、霊体が永遠かつ不滅の存在であることの証明と根拠になっています。

世の中には、死後の世界はないと、言い切る人たちがいますが、「無知は死の影であり、何の情緒も生み起こさず、生きているとは名ばかりで、実は死んでいるのと同じである」と言われる所以です。

もし、人間に死がなかったら、それ以上に不幸なことはありません。

永遠に肉体の桎梏《しっこく》の中で、魂が地球生活だけを過ごさざるを得ない、不自由さと退屈さを想ったら、向上心による進化に限界を感じて、あまりにも苦痛で悲しすぎます。

また、輪廻の法則に従って、来世も不自由な肉体を背負わなければならないと想うと、切なくもやるせない気持ちでいっぱいになります。

私は宇宙霊界という自由な世界が存在することに、本当に感謝しており、嬉しくも同時に楽しみでもあります。

数式に基づくゼロの揺らぎ理論の証明

「ゼロの法則に基づくゼロの揺らぎ理論」を、もう少し分かり易く数式で証明してみましょう。

プラスとマイナスが向き合い、ゼロに近づくことによって、揺らぎが圧縮されて、相対的に高次元の中和のバランスを形成するように方向付けられています。

プラス＋マイナス＝1＋(−1)＝1−1＝???　となります。ここでの重要な問題性と課題性が、**「理論式と実験式の整合性」**ということです。

人間の頭脳が作り出した理論式によると、1−1＝0になります。では、理論式には整合性があるのか、ないのかを実験式で検証してみましょう。

宇宙には1−1＝0というものが実際に存在しているのでしょうか。

結論です。宇宙が広大無辺といっても、宇宙の何処にも1−1＝0というものは存在していません。

なぜならば、宇宙には全く同じモノが二つ存在する事実がないからです。貴方と全く同じ人は、誰一人として宇宙には存在していません。まさしく、すべてがオンリーワンの存在なのです。

相反するものが、**「僅かな揺らぎの不完全性による相対性原力の法則」**によって、絶えず揺らぎながら変化を繰り返して、存在を余儀なくされ、持続可能性に方向付けられている以上、**「ゼロの揺らぎ理論」**は存在しても、ゼロは存在しません。**ゼロは数字にあって数字にあらず**、ということになります。

静止しているかのように見える物質でさえ、原子や分子の世界は激しく変化を繰り返していて、一時として原形を留めていません。

例えば、1.00000123……－0.99999321……＝0.00000802……となり、このように限りなくゼロに近づきはしますが、永遠にゼロにはなりません。

すなわち、エントロピーは減少してゼロになりたくても、ゼロの揺らぎ理論によって、ゼロに永遠になれないまま、ゼロに近づこうとし続けています。

1＋1＝2ではなく、限りなく2に近づこうとしても2にはなれず、永遠に答えは不完全のまま揺らぎ続けます。

真ん丸が存在するかといえば、真ん丸は存在しません。半径＋半径＝直径ですが、そもそも同じ半径が存在しない以上、点は必ず歪《ひず》みを生じます。

ですから、円周率は3.14159265535……と永遠に続くことになります。

プラスとマイナスが、中和しようとしても、ゼロの揺らぎ理論によって、永遠に中和にはなれず、僅かに揺らぎ続けることで、プラスとマイナスの存在が余儀なくされています。

陰と陽が中性になろうとしても、ゼロの揺らぎ理論によって、永遠に中性になれないまま、僅かに揺らぎ続けることで、陰と陽の存在が余儀なくされています。

陰と陽の相対的な関係は、陰の中にも陰と陽が存在し、陽の中にも陰と陽が存在し、その上位の次元に於ける、陰と陽の陰の中にも陰と陽が存在し、陽の中にも陰と陽が存在し、その上位の次元にも陰と陽は、それぞれに永遠にあり続けます。

陰の存在は、揺らぎの偏差によって、陽よりも陰が僅かに上回っているので、全体的には陰が現象化しています。

陽の存在は、揺らぎの偏差によって、陰よりも陽が僅かに上回っているので、全体的には陽が現象化しています。

男性の中にも女性の性稟《せいひん》が内包し、女性の中にも男性の性稟が内包しています。

一般的な人の僅かな揺らぎの偏差と、性同一性障害の人のような大きな揺らぎの偏差では、相対的なバランスが大きく違いますので、精神と肉体との調和と秩序、葛藤と苦悶《くもん》も大きく異なります。

陰性と陽性に於ける、女性と男性の**『性の揺らぎの偏差』**については、最も重要な事柄ですから、後ほど、詳しく説明させていただきます。

すなわち、答えが永遠である以上、宇宙の時間軸は、**「ゼロの揺らぎによって永遠」**と答えるしかありません。

宇宙を一言で表現すると、**「ゼロの揺らぎ」**ともいえます。宇宙にはあらゆる揺らぎが次元に応じて存在し、不完全のまま完全を目指しながら不完全であり続けるが故に、永遠に進化と発展が持続可能になっています。

1＋1＝2という理論は、妄想と幻覚としては存在しますが、1＋1＝2という事実はどこにも存在しないことになります。

人間の頭脳が作り出した理論式という空想遊びのバーチャルで、宇宙を図ったところで、推測や憶測のバーチャルな答えは出たとしても、リアリティーのある答えを見出すことは不可能なことだと思います。

そもそも数式の原点が揺らいでいる訳ですし、有って在るものの宇宙霊界には数字という概念すら存在していませんので、数字に支配されている科学で、宇宙を解明することは、絶対に不可能なことだと、私は理解しております。

低次元の物質世界で高次元の霊質世界を理解することは、極めて不可能なことだと考えています。１３８億年前のビッグバン説は、数字と時間軸の支配による妄想と幻覚の中に存在しています。

そもそも時間と数字がない宇宙を、時間軸と数式で解明すること自体が無謀なことであり絶対に不可能なことだと言えるでしょう。

人間の進化に伴って、数字も時間も人間の都合により、人間の人間による人間のために、使い勝手よく適用するように、頭脳によって作り出した理論であり概念です。

あくまでも人間が作ったモノですから、人間にのみ有効に適用して、他の動物や植物には一切、通用しません。まして、宇宙では全く適用しない存在です。

「有って在るものは、過去にもなく未来にもなく、今にのみ存在しています」

弁証法に基づく時間軸の証明

その根拠と事実を弁証法で証明しますと、地球も宇宙の一部ですから、宇宙に変わりはありません。

例えば、過去の歴史について歴史書や歴史学者によって、色々と語られていますが、過去の内容に事実が存在するかと言いますと、事実はどこにも存在しません。

歴史学者たちが書いた書物や、話している内容は、彼らの推測と憶測によるバーチャル（妄想と幻覚）の歴史観が存在しているだけだからです。

なぜならば、それを**「事実として今、証明する技術も方法もない」**からです。

事実とは、**「事物に基づく現象の実存」**を言います。事物とは、今、存在している事柄や物証のことを言い、現象の実存とは、今、現象として実際に存在しているものを言います。

ですから、歴史書や歴史学者という事実は存在しますが、歴史書に書かれている内容や歴史学者が語っている内容には、推測と憶測は存在しても、事実はどこにも存在していません。

すなわち、歴史学者の推測と憶測が書かれているのであって、過去を今に証明する技術も方法もないからです。**聖書も経典**も書物という物象（物の現れ）として存在していますが、聖書や経典に書かれている中身の内容は、今、厳然たる事実として証明することができない**虚構**だからです。

宗教世界は信じるか、信じないかの世界であり、まさしく荒唐無稽の世界といっても過言ではないでしょう。

すなわち、聖書はイエスの死後、過去の者たちの勝手な推測や憶測、思い込みによって、都合よく美化され捏造されたことが、あたかも事実のように言い伝えられ文字化された**「虚構の書」**に過ぎないからです。

こうして宗教は過去の妄想と幻覚に支配され、信者たちも虚構の書に騙《だま》されて、宗教団体に支配され、今を生きることなく、過去の物語の世界を生きることになります。

なぜならば、数千年前の精神的な文化も、科学的な文明も、そのまま保存されることなく、時代と共に進化していて、全く違った文化と文明の世界観が出現しているからです。

未来に対しても同じことが言えます。未来にも勝手な推測と憶測というバーチャル（虚相）が存在しているだけで、何処にも証明できるリアリティーは存在しません。事実、科学は地震予知すらできないのが現実です。

真実とは真性に基づく意識の実存

事実に対して真実というものが存在します。では、真実と事実の違いは何なのでしょうか。

真実とは、**「真性に基づく意識の実存」**を言います。

真性とは、一人ひとりの、**「真なる性稟」**を言います。

「真なる性稟」とは、その人の霊格形成史（前世で作ってきた魂の歴史）と人格形成史（現世で作り上げた心の歴史）の統合的な霊的性稟の次元を言います。

霊格次元を「潜在意識」といい、人格次元を「顕在意識」とも言います。

潜在意識と顕在意識を統合したものが「真なる性稟」であり、その人の霊的性稟でもありますから、心霊が高いか低いかで、その人の霊層次元を決定します。

真性＝真なる性稟＝霊的性稟＝霊層次元ですから**「真性＝霊層次元」**となります。

かつて、私が書いた、『逆説の真理が運命を拓く宇宙の法則』（セルフ・ヒーリング実践研究会・刊）という本の中で、真性について記した部分があります。

真性はヘソの奥に存在し、直径7センチほどの水晶玉のような存在です。と紹介しました。

そのように紹介した意図は、頭脳支配の意識から腹脳統合の意識に転換する目的があったからです。

当時を思えば、これは、次の章でご説明する「宇宙の無限意識場」の真性と、私の「霊性意識体」の真性を比べたら、私の真性は七センチ程度の次元とレベルにしかなかった、ということを暗示していたのです。

無限意識場については後ほど、詳しく説明いたします。

すなわち、真性は霊層次元ですから、**「真実は、一人ひとりの霊層次元に基づく意識の中にしか存在しない」**ということです。

霊層次元の低い人は、低い真実しか存在しないし、霊層次元の高い人は、高い真実が存在することになります。

例えば、人間関係や職場環境に於いて、霊層次元の低い人は、不快な感情に**感情支配**され、その情動によって**感情損失**を起こし、その真実によって成長と発展のための**機会損失**に陥り、負のスパイラルに落ち込んで、不幸の連鎖を次から次へと招くことになります。

霊層次元の高い人は快喜な感情に統合され、不快な感情を**感情統治**することで、何事にも感謝と喜びに方向付けて、成長と発展のためのチャンス（運勢）を招き入れます。

例えば、会社を大きく成長させ発展させていくためには、不平や不満を感情統治して、何事にも感謝できる役員と社員が多くいることが大切で、そうすれば、その会社は成長し発展します。

しかし、不平や不満に感情支配されている役員と社員が多い会社は、感情損失によって運勢を失い、衰退していくか倒産に追い込まれます。

すなわち、労働組合の組織が強く、不満分子の社員が多い会社は発展しません。

宇宙の法則に基づく人生観は、「あの人は何て不幸な人なのだろう」と世界中の人がそのように言ったとしても、本人が毎日、感謝と喜びで生きていたら、不幸な人なのでしょうか。

故に、**「真実に勝る事実は存在しません」**。

デジタル意識とアナログ意識

リアリティーというノンフィクションは、今という**「デジタル意識」**の真実のみに存在しています。過去と未来という時間軸には、極めて曖昧な脳の記憶に基づく、**「アナログ意識」**の推測と憶測や妄想と幻覚という、バーチャルとフィクションの世界に存在しているだけなのです。

時間軸に飼い慣らされたアナログ人間の脳は、過去の妄想と幻覚や、未来という推測と憶測に感情支配（不平や不満、妬《ねた》みや嫉妬、血気や怒気、不安や恐怖などの不快な感情に支配されること）され妄想世界で生きています。

今という事実のみを保障して、自己責任原則を担保して生きているデジタル人間は、感情統治（快喜な感情）して、ありのままを無条件で全面的に受容する、生き方を心掛けています。

なぜならば、一分、一秒が過ぎてしまえば、それは過去のことであり、虚相や虚構に過ぎないことを、よくよく理解し腑に落としているからです。

では、宇宙の場の広さはどのようになっているのでしょうか。

エントロピー相対性の法則によると、すべてのモノが存在するためには、相反するものが相対的に場を形成することによって、必然的に相対性原力を発生します。そのメカニズムとシステムによって存在を余儀なくされています。

すなわち、**「相対場の法則」**によって、宇宙のすべてのものが存在しているということになります。

2章のまとめ

◎宇宙は陰と陽、N極とS極、善と悪のように、相反するものが相対的に向き合って、僅かに揺らぎながらバランスをとり、調和と秩序を形成するように方向付けています。

◎宇宙には時間はなく、「今」というゼロ時限の瞬間が連続しています。「今」は初めであり終わりであり、原因と結果が同時に存在しています。

◎人は生まれてから死ぬまで約80年から90年かかりますが、生が一方的に死に近づいている訳ではなく、生と死はゼロに向かって共に近づいていきます。

3章

現世利益に基づく「知識」から、霊世利益に基づく「意識」へ

――ゼロの揺らぎ理論の原点は意識

宇宙のロゴスは自由

私たちの生活圏の自然現象の中にも、太陽と地球の揺らぎの相対性で、光と闇、北極と南極、暑いと寒いなど、すべてが真逆に相対化して場を形成し、ゼロの法則に基づいて、常にゼロ・バランスに方向付けられ、秩序を形成しようと働き掛けています。

ゼロの法則に基づいて、**プラス+マイナス=中和、陰+陽=中性、善+悪=中庸**のように、大きな揺らぎから小さな揺らぎに、エントロピー（無秩序）を無限に減少化させて、ゼロ・バランスに近づけていくと、エントロピー相対性の法則に従って、共時的に同時に真逆の方向に調和と秩序を無限に増大化させていきます。

宇宙は、相反するものが相対場の法則に基づいて、また、ゼロの法則によって、エントロピー（無秩序）を無限に減少化して、質的に次元の高いバランスを形成することによって、同時に真逆の秩序を無限に増大化していくメカニズムとシステムを備えています。

これらの法則と原則によって、宇宙の時間軸と場は、**「永遠かつ無限」**なるものであると結論付けられます。

宇宙に存在するすべてのものを、相対化して存在可能にする力の源泉を、**「相対性万有原力」**といいます。

永遠かつ無限という言葉を、**「ロゴス（創造性を内包した言霊）」**に置き換えると、一つのロゴスに統合できます。それは、**「自由」**というロゴスに統合することができます。

自由というロゴスは、科学用語のカテゴリーではなく、哲学用語のカテゴリーにあります。科学よりも哲学の方が、精神性は上位に属していますから、哲学が主体で科学が対象となります。

自由には境界も限界もなく、**「すべての枠組みから解放されている状態」**を、自由といいます。

自由というロゴスを**物質世界の科学**に持ち込んだら、エントロピーは増大化するだけで、科学は成り立たなくなってしまいます。

「なぜならば、科学は物質世界に於ける原因から結果であり、逆に、結果から原因に至るプロセスに時間と変化があって、プロセスの**「枠組み（パラダイム）」**を解明していくことが、科学の大きな役割と責任になっているからです。」

歴史は哲学先行型に従って科学追従型となっています。

精神文化の進化に基づいて、科学文明が開化した、歴史上の事実があるからです。もし、原子爆弾が中世の時代にあったたら、地球はすでに滅んでいます。

進化のプロセスに於ける社会現象は、ゼロの法則に基づいて、今というリアルタイムに時間軸を圧縮することと、意識の分離感と距離感を短縮することにあります。

最近は、肉体的な時間軸と分離感と距離感は、旧態依然として、あまり変わりませんが、インターネット技術やスマートフォンの普及によって、世界中いつでもどこでもリアルタイムで、色々な人と交信が可能となり、精神的な時間軸と分離感と距離感は、限りなくゼロに近づいてきて、自由にコミットメントすることが可能になりました。

科学文明が長足的に進化を遂げてきているということは、精神文化はそれ以上に進化を遂げていて、私たちの意識は間違いなく宇宙の自由に向かって、進化へと方向付けられています。

すなわち、哲学が科学を網羅して、**「宇宙は自由なるもの」**という結論に至ることができます。

ゼロの揺らぎ理論の原点は意識

地球生活の目的が、宇宙生活をするための準備期間というのであれば、宇宙の自由に匹敵するものが、私たちの中に内包していなければ、私たちは宇宙とは全く関係のない存在となってしまいます。

宇宙の自由に匹敵するものが、私たちに存在しているとしたら、一体それは何なのでしょうか。

結論です。それは**「意識」**です。意識だけは誰が何と言おうと、絶対的に自由なるものです。

例えば、最悪の状況を想定してみてください。その最悪の状況を、どのように意識で捉えていくかは、一人ひとりの**「自由」**です。

最悪な状況を、不安と恐怖、不平と不満、血気と怒気などの不快な感情に、意識を方向付けるのも自由です。

真逆に、どんな状況に置かれても、ありのままを無条件で全面的に感謝と喜びで受け入れていくように、意識を方向付けるのも自由です。

意識は、一人ひとりの**自由意思**によって**自己決定**され、一人ひとりがすべてに**自己責任**を負っていく原則に貫かれています。自由は一人ひとりの意識に保障されていて、意識はまさに自由な存在です。

すなわち、宇宙の法則は、**「アルファとオメガは原因と結果に於いて、自分の意識にのみ一致している」**が故に、すべてが、自分の意識が初めであり終わりであり、自分自身の意識が原因であり結果であるといえます。

「宇宙＝永遠かつ無限＝自由＝意識」となりますから、**「宇宙＝意識」**となります。

私たちの意識と宇宙が自由で繋《つな》がっている以上、宇宙と私たちは決して無関係ではないことが、**哲学的かつ科学的**に証明されたことになり、死後の世界の存在を証明することにもなります。

すなわち、宇宙は意識が無限に広がっている場で、**「無限意識場」Infinity Consciousness Field（ICF）**であることが証明できます。

脳学者は頭脳の知識を中心に、電子回路として脳を物理的に理論付けますが、私のような霊学者は、霊性の意識を中心に、霊的知性と霊的理性に基づいて、すべてを情動的に理論付けていきます。

知識と意識は、全く相反する相対化した存在であり、真逆なエントロピーの思考と方向性に存在するからです。

「ゼロの揺らぎ理論」に基づいて、今の終わりと今の初めが、共時的に同時に消滅すると、破壊と創造の原則に従って、今の今を保存しようとする**意識**が、今の初めになろうか、今の終わりになろうかと、一瞬、揺らいだ状態になります。

今の今がゼロの意識の揺らぎであり、ゼロの揺らぎが今の今の意識であり、意識の揺らぎが宇宙そのものを代弁し、宇宙に存在するすべてのモノが、**「ゼロの意識の揺らぎ理論」**から派生し、存在していることになります。

この理由から、有って在るものの存在は、初めなき終わりなき、ゼロの揺らぎ理論を基礎付けている意識の揺らぎという存在となります。

すなわち、**「有って在るものとは、ゼロの揺らぎの意識」**となります。

科学の限界は物質限界にあり、今を創り出し消滅させ、新たな今を創り出しているものが意識の揺らぎということが理解できていないので、どうしても時間軸に頼らなければなりません。

宇宙の無限意識場は、低次元の意識から高次元の意識に至るまで、無限の意識に相対可能な自由意識場を形成しています。

ゼロの揺らぎの意識は、プラスにもマイナスにも、陰にも陽にも、善にも悪にもなりうる、中和的かつ中性的かつ中庸的であるという、ゼロの揺らぎ理論によって、自由法則が基礎付けられています。

ここでもう一つの素朴な疑問が湧いてきます。

そもそも意識そのものが、どのようなメカニズムとシステムで創り出されているのかという疑問です。

ここで、ゼロの揺らぎ理論に於ける、最も重要なメカニズムとシステムを紹介しておきましょう。

ゼロの法則に基づいて、相反するものがゼロ・バランスで打ち消し合った瞬間に、どちらにも属さない**「自由」**な状況が必然的に創り出されます。

この創り出された自由な状況が、破壊と創造の原則に従って、新たな創造のベクトル（意思）へと方向付けるために、自由は瞬時に**「揺らぎ」**を創り出します。

この揺らぎは、新たに相反するものを創造するために**「意識」**に特化されます。

すなわち、宇宙はゼロの揺らぎ理論に基づいて、相反すものが打ち消し合った瞬間に、無ではなく自由な状況が創り出され、自由が揺らぎを創り出し、揺らぎが意識に特化され、相反するものを、新たに創造するというメカニズムに従って、すべての存在がシステム化されていることになります。

自由は自由以外の何ものでもありませんから、意思と方向性というベクトルが存在しません。ですから、創造性に方向付けるために、自由は揺らぎとなって意識に無条件で特化されていきます。

故に、ゼロの揺らぎ理論に基づいて、ゼロ・バランスに近い中性的かつ中和的かつ中庸的な状況が、最も自由に近い状況を創り出していることになります。

ゼロの法則に基づいて、意識をゼロ時限に置き換えると、意識の初めと意識の終わりが、今の意識になろうとした瞬間に、共時的に同時に打ち消し合い、今の意識がゼロ・バランスで僅かに揺らいだ瞬間に、新たな初めの意識を創り出し、その瞬間に共時的に終わりの意識を創り出します。

すなわち、**『揺らぎが意識を創り出し、意識が揺らぎを創り出す』**という、揺らぎと意識はインタラクティブ（双方向）の関係であり、初めなき終わりなき普遍的なメカニズムとシステムが創り出されています。

故に、揺らぎが意識を創り出し、意識が新たな揺らぎを創り出し、新たな揺らぎが新たな意識を創り出すといった、相対変換の法則に基づいて、進化を持続可能にしています。

ゼロの法則に基づく揺らぎ理論によって、低次元のネガティブな意識と低次元のポジティブな意識が打ち消し合った瞬間に、破壊と創造の原則に従って、僅かな揺らぎの相対変換によって、新たな上位の次元の相反するネガティブとポジティブの意識が創造され、恒常的かつ恒久的に進化へと方向付けられています。

「ゼロの揺らぎ理論に基づいて、中性が揺らぐことによって、陰という意識と陽という意識が創り出され、中和が揺らぐことによって、プラスという意識とマイナスという意識が創り出され、中庸が揺らぐことによって、善という意識と悪という意識が創り出されます。」

意識が大きく揺らぐと葛藤と摩擦を創り出し、意識が小さな揺らぎになると調和と秩序を創り出します。

ですから、揺らぎの質的な次元によって、さまざまな意識が創り出され、揺らぎの相対的な関係で、さまざまなモノが創造されてきます。

意識と揺らぎの相対的な関係に基づく法則を、**『創造原力の法則』**といいます。

例えば、可視光線も八三〇ナノメーターという大きな揺らぎの波動から、三六〇ナノメーターという小さな揺らぎの波動に向かって、赤色からオレンジ色、黄色、緑色、青色、紫色、白色という七色が創り出されています。

色が波動という振動数を創り出しているのではなく、それぞれの揺らぎが波動となって、振動数をそれぞれに創り出し、それぞれの色となって現象化しているのです。

意識がモノを創造する始まりですが、その意識を創造するのが揺らぎです。その揺らぎの振動数が、ものすごく微細で小さければ小さいほど、高い次元のモノを創造します。

すなわち、揺らぎの次元が、さまざまなシチュエーションの中で、無限の意識を創り出し現象化していきます。

ちなみに、物質世界の色の波動を一つに集めると真っ黒になり、宇宙世界の色の波動を一つに集めると真っ白になります。

ゼロの法則に基づいて、相反するものが打ち消し合う瞬間に、ゼロ・バランスの究極の揺らぎが創り出されます。

この究極の揺らぎによって創り出された意識が、宇宙霊界の意識場の世界を創り出しています。

例えば、低次元の大きな揺らぎによって創り出された意識と、中次元の小さな揺らぎによって創り出された意識と、高次元のゼロ・バランスで創り出された意識では、広大無辺なる宇宙とチリにも至らない地球ほどの差があります。

人間は肉体という大きな揺らぎに封緘《ふうかん》され、時間軸に飼い慣らされて、その中でしか意識を創り出していません。

ゼロ・バランスの究極の揺らぎとは、具体的には、何を意味し示唆しているのでしょうか。

それは、まさしく時間軸のない、**「今」**という瞬間、瞬間のゼロ時限のことを意味し示唆しています。

もし、私たちの意識が、過去もなく未来もなく、今のみの意識で生きられているとしたら、究極のゼロ・バランスの揺らぎの意識で生きていることになります。

もし、現世で意識が肉体から解放されて、今を生きているとしたら、宇宙生活そのものとなります。

すなわち、ゼロの法則に基づいて、今のみに意識が存在したならば、分離感と距離感のない状態を創り出すことが可能になります。

宇宙の無限意識場は相対性原力の法則に基づいて、私の意識そのものを存在させるための相対的な場でもあり、私の意識の次元が**マトリックス化**（想念を創り出す）する世界を、無限意識場はスクリーンのように現象化して、私そのものを存在肯定してくれています。

自分という我欲を小さくしていくことによって宇宙に近づき、自分という我欲を大きくすることによって宇宙から遠のいていきます。

我欲とはエゴイズムとナルシシズムによる、非合理的な自己欲に基づくエロスのことを言います。

本来、宇宙の無限意識場と私の意識は、ゼロの法則に基づいて、僅かな揺らぎの絶妙なバランスで重なり合って、ハイブリッドに同化して、**「宇宙即我、我即宇宙」**の相対変換の法則によって、永遠にゼロの揺らぎに基づいて、進化発展を持続可能にしていく、メカニズムとシステムを備えています。

もう一度、意識が創り出されるメカニズムとシステムについて整理しておきましょう。

大宇宙に存在するモノは、ゼロの法則に基づく、ゼロの揺らぎ理論による、普遍的な見えざる働き掛けによって、相反するモノが打ち消し合いながら、ゼロ・バランスに向かって共に近づいていきます。

相反するモノが打ち消し合った瞬間に、どちらにも属さない自由な状況が、打ち消し合った分だけ必然的に創り出されます。

この創り出された自由な状況（静の状態）から、破壊と創造の原則に従って、揺らぎ（動の状態）が派生します。

派生した揺らぎは、新たな相反するモノを創造するために、意識に特化されます。

まさしく、自由が揺らぎを創り出し、揺らぎが意識を創り出し、意識が相反するモノを創り出すメカニズムによって、宇宙は、「自由と揺らぎと意識」の源泉であり、大海となっています。

宇宙はゼロ・バランスに於いて静と動を共時的に同時に行っています。

新たな相反するモノを自らが創り出すということは、自らが新たな受け皿を、自らが創造するということになります。

この理由によって、宇宙は完全自立が故に、自由であるということの証明になります。

意識は霊性に従って、力と方向性を有した意思としてのベクトルに転換されます。

故に、死後の受け皿である霊界は、現世で自分自身が創り上げた霊性（愛）の人格次元で、行くべき霊界の場所と霊層次元を決定することになります。

宇宙は、「自由と揺らぎと意識」を創り出す、一連の作業工程をゼロ時限でゼロ次元に於いて、完結するメカニズムとシステムを恒常的かつ恒久的に備えています。

結論です。ゼロの法則に基づく、ゼロの揺らぎ理論によって、**『意識は、自由な状況による揺らぎによって創り出される』**ということになります。

この理由からも**「意識＝自由」**という根拠が証明されます。

無限意識場はゼロの揺らぎ理論に基礎付けられて、ゼロ・バランスを基軸として、$10^{(-\infty)}$へと意識のバランスを方向付けることによって、$10^{(+\infty)}$へと意識の調和と秩序の場を拡大しようと方向付けています。

ゼロの法則に基づいて、数式に置き換えると、分母の相反するものとのバランスが、$10^{(-\infty)}$に方向付けられて、ゼロ・バランスに近づいていくことによって、必然的に分子は調和と秩序を$10^{(+\infty)}$へと無限に拡大していきます。

ゼロの揺らぎがゼロの意識を創り出し、ゼロの意識がゼロの揺らぎを創り出す、科学的なメカニズムとシステムによって、調和と秩序を無限に方向付けています。

ゼロの法則に基づいて、母なる大宇宙の分母が$10^{(-\infty)}$ですから、そこから生み出された分子である万物被造世界は、$10^{(+\infty)}$になります。

すなわち、哲学的にはゼロの揺らぎが愛を基礎付けて、ゼロの意識が自由を基礎付けて、調和と秩序が無限の喜びに方向付けています。

故に、宇宙は愛が自由を基礎付けて、自由が愛を成熟させながら、喜びの次元を拡大していくメカニズムとシステムとして組み込まれています。

宇宙と私の存在目的は、宇宙の無限意識場と私の意識が、統合型意識（上位に方向付ける）である、**「宇宙我意識」**を顕現して、永遠かつ無限に生成発展を共に持続可能にするためです。

ゼロの揺らぎの意識は、宇宙の無限意識場のコア（核）の中で、無限のゼロ・バランスに向かって、自由を拡大しながら存在していて、地球意識場は大きな揺らぎの意識の場の中で、不自由に方向付けられて存在しています。

地球意識場の呪縛と支配

宇宙の無限意識場と私たちの意識には、肉体というあまりにも大きな壁と、**距離観による距離感**によって大きな隔たりがあり、**分離観による分離感**によって大きな揺らぎが存在していて、宇宙とは何の関係もない生き方をしています。

宇宙を意識して生きている人と、宇宙を全く意識しないで生きている人の違いは、どこにあるのでしょうか。

それは一言で言って、宇宙が存在している真の目的を、全く理解していない無知によって齎《もたら》されています。「無知は死の影」です。

愛することは理解することです。理解することは納得することです。納得することは受け入れるということです。理解が深まれば深まるほど、愛の情動が啓発され、宇宙を無条件で愛し受容することができます。

宇宙を理解し納得して、愛すれば愛するほど、宇宙はそれ以上に愛してくれます。

人間は理解できないことや、納得のいかないことには、全く関心も興味も持ちません。

宇宙のメカニズムやシステムを理解すればするほど、納得が深くなればなるほど、近くて近しい存在となって、いつしか分離感と距離感が消滅して、宇宙に対する信念と確信へと意識が転換されていきます。

地球人は宇宙意識場の中で存在している訳ではなく、地球意識場のカテゴリーの中に存在していますので、地球意識場に飼い慣らされて、地球意識場という範疇から出ることが極めて困難になっています。

地球意識場から創り出されたものには、地球物質界と地球霊界があって、地球物質界も地球霊界も、肉体も霊体も地球意識場の範疇の中にだけ存在して、輪廻の法則に従って、物質界と霊界を行ったり来たりしています。霊主体従とは、霊体が主で、肉体が従、つまり肉体が霊体に従属することです。

先ほども、お話ししたように、同じ人間でありながら意識の発動や使い方には、あまりにも大きな違いがあります。

例えば、常に不快な感情（不平、不満、不足、妬み、嫉妬、謗《そし》り、批判、評価、悪口、蔑《さげす》み、差別、血気、怒気、不安、恐怖など）に意識を使っている人と、何事にもありのままを無条件で全面的に感謝と喜びで受容するように意識を使っている人の違いです。
この違いは何に由来しているのでしょうか。

霊性次元がすべての結果を決定する

それは、一人ひとりの霊格形成史と人格形成史に於ける環境と経験に基づく、愛と恨みの分量によって基礎付けられ決定しています。

霊格形成史は前世（現世に来る前の霊界）での環境と経験によって、築き上げた、**「霊格（魂の性質）」**の次元に由来し、人格形成史は子宮生活から現世の今に至るまでの環境と経験によって、築き上げた、**「人格（心の性格）」**の次元に由来しています。この霊格（性質）と人格（性格）を統合したものを、**「霊性」**といいます。

霊性が意識を基礎付けていますので、霊性によって基礎付けられた意識を**「霊性意識体」**といいます。霊性の良い癖と悪い癖の違いが、意識の発動や使い方に大きな違いを、生じさせる原因になっています。

すなわち、**「霊性が意識の乗り物」**となって、意識をさまざまなところに運んでいきます。霊性の次元を、**「霊性次元または霊層次元」**といいます。

霊性の次元の低い人は、低い次元の意識しか発動しませんので、次元の低い世界で存在するしかありません。霊性の次元の高い人は、高い次元の意識を発動させて、高い次元の世界で存在しています。

ホームレスはホームレスで群れを造り、富裕層は富裕層で群れを造り、宗教は宗教団体で群れを造り、共産主義者は共産党で群れを造り、それぞれの霊性の次元にレスポンス（対応）して、**「群れの法則」**に従って、それぞれがレスポンシィビリティー（自己責任原則）を果たしています。

霊性の次元は、**「愛の分量と恨みの分量」**によって決定付けられています。

すなわち、**「愛の質的次元」**が高くなればなるほど、**「自由の量的次元」**が広がります。

鉱物と植物と動物と霊物の決定的な違いは、霊性の次元と意識のスピードと自由度にあります。

鉱物の霊性の次元は、極めて低く、意識のスピードと自由度が低いために変化への対応や動くことすらできません。

植物の霊性の次元は少し高くなり、意識のスピードと自由度はやや高くなって、成長することは出来ても、活動や移動することは出来ません。

動物の霊性の次元はもう少し高くなって、意識のスピードと自由度も上がって、成長することも、活動や移動することもできるようになります。

霊物の霊性の次元は更に高くなり、意識のスピードと自由度は肉体の桎梏から解放された分だけ格段と速く、自由になっています。

霊物も霊性の次元に基づいて、意識のスピードと自由度が大きく違って、地球霊界から太陽系霊界、銀河系霊界、島宇宙霊界などに活動のスピードと範囲が拡大されていきます。

肉体に飼い慣らされた人間の意識は、霊性の次元が低く、意識のスピードと自由度があまりにも劣っているので、移動や活動は当然のことながら、物事の解決や結論または結果を導き出すのに、多大な時間と労力を必要とします。

恨みの次元が醜悪かつ劣悪になればなるほど、囚人のように不自由を強要されることになります。

肉体という欲望の肉性意識体

愛の次元は霊的性稟に基礎付けられ、霊的性稟は霊格形成史と人格形成史に於いて、いかに愛に基づいて霊的知性と霊的理性を、身に付けてきたかで決定します。

霊的無知と霊的痴呆に陥っている人は、三六〇ナノメーターから八三〇ナノメーターという、極めて狭い可視光線の範囲で、近視眼的な物の見方しかしません。

霊性意識体の次元の低い人は、目に見えるモノしか認めないし、そこにしか価値観が持てないので、財物欲、地位欲、名誉欲など、極めて唯物的な価値観の思考による目先のことでしか生きていません。

ですから、視覚、聴覚、嗅覚、味覚、触覚である肉体の五感、**「フィジカル・フィーリング（肉体感覚）」Physical Feeling** を頼りに生きていくしかありません。

味覚を頼りにしたところで、毎日、美味しいものを食べ続けたら、必ず飽きがきて、最後には嫌いになってしまいます。

美しい妻だからといって、見慣れたら当たり前の人になってしまいます。好きな音楽も毎日、聞いていたら耳障りになるだけです。好きな香水もしばらくすると香りが分からなくなります。

このようにフィジカル・フィーリングは一過性のモノであって、持続可能性はないということです。なぜならば、肉体の生には限界があって、死は必ず訪れるからです。

すべての人が、人生の存在目的と存在価値を見出すことなく、肉体感覚に飼い慣らされて、肉体の欲望が方向付ける意思に従って、**「仕事としての人生」**が終わっていくのです。仕事とは、**「仕方なく事をなす」**から仕事といいます。また、肉体の欲望に霊性意識体が奴隷のごとく、**「仕える事」**を仕事といいます。

人生の目的もない、意味も意義も見出せない、価値も創造できないのであれば、当然といえば当然のことかもしれません。

肉体の欲望が方向付ける意思を、**「邪心」**と言います。霊性の愛が方向付ける意思を、**「本心」**と言います。人間は邪心を優位に働かせて、死んですべてを失うことが分かっていても、現世利益のために人生を送っています。

人間は愛に基づいた意識の**真の自由**な使い方を知らないので、肉体の欲望に従属して意識を使ってきました。このように肉体の欲望に支配された意識を、**「肉性意識体」**といいます。

物理的な環境に飼い慣らされた肉性意識体によって、すべての距離観による距離感と分離観による分離感が意識の中に無条件で創り出されています。

人間は物の怪としての生涯に終始

この生き方はバクテリアの時代から38億年、何も変わっていません。バクテリアは活動のためのエネルギーを得るために、捕食活動に勤《いそ》しみ、種の保存の為に生殖活動に励み、すべての生物は食的欲望意識と性的欲望意識の支配下にあります。

食的欲望意識と性的欲望意識は、原始生命体であるバクテリアからの宿命ともいえる原初の欲望意識ですから、この欲望意識を、**「本能的原存意識」**といいます。

食的欲望意識は財物欲に変遷《へんせん》していき、性的欲望意識は種の保存と版図の拡大のために、支配力を強化するように方向付けられ、競争原理に従って地位欲と名誉欲に変遷していきました。このように基本的に、本能を変えずに踏襲してきている意識を、**「本能的残存意識」**といいます。

すなわち、**「知識者と英雄は色を好み、心貧しき者は財物を好む」**、という所以がここにあります。この欲望意識は、姿かたちは変わっても、今も尚、38億年にわたって踏襲されています。

蟻は蟻の道を巣穴からエサ場まで行ったり来たり、ゴキブリはゴキブリの道を巣穴からエサ場まで行ったり来たり、獣は獣の道を巣穴からエサ場まで行ったり来たり、人間は人間の道を家庭から職場までの上下線を行ったり来たりというように、姿かたちは違っても、地球内生物は一緒の欲望意識に支配されて、仕事としての生涯が終わっていきます。

人間は万物の霊長とはいえ、肉体の欲望に支配され、**「もののけ」**のごとく、**「物の化」**となって、まさしく**「物の怪」**として生涯が終わり、やがて骨となり灰となって没していきます。

本来は、愛の次元は霊的性稟に基礎付けられ、霊的性稟は霊格形成史と人格形成史に於いて、いかに愛の実績を積み上げて、霊的知性と霊的理性を身に付けてきたかで決定するといいました。

人間は歴史を通して肉体の五感に支配され、物理的な環境によって飼い慣らされて、創られた世界の枠組みで、フィジカル・フィーリング（物理的感覚）のみを、筋力として鍛え上げてきました。

フィジカル・フィーリング（肉体感覚）**Physical Feeling** とスピリチュアル・エモーション（霊的情動）**Spiritual Emotion** の違いは、何かと言いますと、例えば、ケーキを食べた時に、甘いと感じるのは、フィジカル・フィーリングで、美味《おい》しいとか、嬉しいとか、幸せと感じるのが、スピリチュアル・エモーションです。

現世利益は欲望の成果

「恨みの次元」を基礎付けているものは何でしょう。それは「お父さん、お母さんから受けられなかった愛に対する恨み」に基礎付けられています。愛に対する恨みは欲望に特化されます。欲望は肉的性稟に基礎付けられています。

肉的性稟は人間の頭脳が作り出した理論やルールに従っていく知的知性と知的理性によって基礎付けられ、唯物論的な欲望に特化されて、更に強化されていきます。少数の知識のある者が搾取する側に立って、多数の無知なる者が搾取される側にいたことは、歴史を通して今も尚、現実に証明されています。

僅かな富裕層の強欲なマイノリティー（少数派）が、貧困層のマジョリティー（多数派）を世界的に作り出しています。学歴至上主義による権威主義や官僚支配機構が、それを事実として現象化し、権限を私物化していることでも、証明している分り易い例です。

人間は現世利益のための知的知性と知的理性のみを身に付けることに終始してきました。

最高学府で学ぶことは、経済学は財物の利害損得を学び、いかに金儲けをするのかを学び、法学部は人間の善悪論を学び、医学部は肉体の修理学を学び、理学部は数字と時間軸のバーチャル学を学び、といったように、物質世界の範疇を超えることなく、肉性意識体の欲望のカテゴリーのみで知識の集積をしています。

故に、**愛の恨み＝欲望＝知識＝支配＝差別＝傲慢＝破滅**の極めて醜悪な死後の世界へと突き進んでいきます。

エントロピー相対性の法則に基づいて、現世利益と霊世利益は真逆のベクトルに方向付けられていて、したがって、現世利益の価値観と霊世利益の価値観も、真逆に方向付けられています。

「金持ちが天国に入るには、ラクダが針の穴を通るより難しい」「この世にあって偉大な者は、あの世にあって最も卑《いや》しき者となるだろう」という所以です。

お金持ちは財物欲があるから、財産家になっているのです。地位のある人は地位欲があるから、その地位にいるのです。名誉のある人は名誉欲があるから名誉のある職に就いているのです。

決して尊敬できるような立派な人たちではなく、その人たちが内包している、並外れた強烈な欲望の意識による対価として現象化しているのです。アルファとオメガはその人の意識のみに原因と結果に於いて一致しているという、宇宙の法則があるから間違いありません。

ただし、地位や名誉や財産が、あることが問題ではなく、ゼロの法則に基づいて、現世利益の欲を霊性利益の愛が、僅かな揺らぎで上回った、バランス感覚によって、常に高みの向上心で、霊性進化に方向付けているのであれば、一切、問題はありません。

故に、問題があるとしたならば、人生の存在目的である地球星を卒業するという、確固たる確信と信念がないことです。

現世利益の欲のみで生きることは、霊性退化を招くことによって、エントロピーは真逆に相対化して、悲惨な末路が、霊界で待っていることになるからです。

最近、ＡＩ（人工知能）の開発と、ロボット技術の発展が、物凄い勢いで進んでいます。

ＡＩ革命により学歴至上主義の崩壊と、ロボット技術によって、経済依存による労働支配からの解放で、人間のやっていたことは、ＡＩとロボットに取って代わられ、将来的には、労働者の現行の職業は自然と失われていき、最終的には、会社そのものもなくなります。

人間が生きるために負担となっていた事が、すべてＡＩとロボットが遣るようになったら、貨幣制度は自然と崩壊し、経済至上主義による経済格差は消えてなくなります。

そのようになったら、大富豪たちの富は世界中に細分配され、本当の意味で平等な世界が実現します。

そのためには、大富豪と金持ちたちが、人生の目的と意味と意義を知って、「金持ちが天国に入るにはラクダが針の穴を通るより難しい」という哲学と価値観に立たなくてはいけません。

そうすれば、平和裏に世界の平和が構築されていきますが、大富豪たちが欲望に支配された場合は、ロシア革命のように、クーデターや革命による暴力によって、悲惨な終焉を迎えることになります。

ですから、人類が積極的に向上心を持って向かって行かなければならない分野は、心とか精神といった、人生の本来の目的である、死後の世界に行くための準備へと、必然的に向かわざるを得なくなります。

故に、現世利益の成果は欲望の成果といっても過言ではありません。真逆に霊世利益の成果は愛の成果といえます。

発想のパラダイムの転換点

人間はいかに進化を遂げてきたのでしょうか。進化していくための原動力は、向上心による霊性の進化に委ねられています。

霊性進化していくためには、肉体の欲望の元凶である本能的原存意識（食欲と性欲）を削ぎ落として、本能的残存意識に支配されない自助努力が重要になります。

精神的な文化が主体となって、科学的な文明がその都度、開化してきた事実を歴史がすでに証明しています。

もし、親兄弟が殺し合うような戦国時代の武将たちに、化学兵器を渡したらすぐに使うことは、誰でも容易に想像がつきます。

現代にあっても、精神文化の低い宗教国家や思想国家は、文明の普及率が低く、人種差別や経済格差による闘争が、絶えることなく世界中で顕著に現象化しています。

このように霊性が主体で肉性が対象になって従属していく、宇宙の法則を、**「霊主体従の法則」**といいます。

しかし、人間社会は、肉性の欲望に支配されていますので、**「体主霊従の法則」**に従って、個人も家庭も社会も国も世界も創られています。

では、ここで弁証法によって、霊主体従の法則に基づく霊性意識体と、体主霊従の法則に基づく肉性意識体について検証し証明しておきましょう。

冒頭の「はじめに」の中で、私は「眠りの哲学」を提唱していて、眠りは「死の疑似体験」ですと言いました。

私たちは、目が覚めて覚醒している時は、肉体の痛みなどを感じることができます。しかし、就寝して眠っている時は、まったく痛みなどは感じていません。

肉性と霊性の中間位置に意識が存在していて、意識は肉性にも霊性にも、どちらにも自由に属することができます。

意識は、目が覚めて覚醒しているときは、体主霊従の法則に基づいて、肉性に支配されて肉性意識体として存在し、就寝して眠っているときは、霊主体従の法則に基づいて、霊性に統合されて霊性意識体として存在しています。

ですから、一日が一生という向上心の成果の総決算として、一日を振り返り感謝と喜びで毎日、「質の高い眠り」に就くことを心掛けることが、最も重要になります。

なぜならば、死の瞬間に行くべき霊界の霊層次元と場所が決定するからです。

そのために日々、質の高い眠りを習慣づけて、死という宿命の一瞬に備えることが大切です。

すなわち、眠りは霊性意識体が肉体から離脱している状態であり、深い眠りほど高い次元の霊界に行っていることになります。

その真逆に、睡眠障害に陥っている場合のように、浅い眠りほど変な夢や奇妙な夢、不快な夢などをよく見るようになります。

ですから、眠りが深くノンレム睡眠の状態は、霊性意識体として存在し、意識が肉性に従属していませんので、肉体感覚は存在しなくなります。

例えば、手術の時に笑気ガスなどを使って、全身麻酔を行います。麻酔が効いている間は、究極のノンレム睡眠の状態にありますので、メスなどを体に入れても痛みは全く感じません。

しかし、麻酔が切れていくにしたがって、覚醒するごとに意識は肉性に従属するようになり、徐々に痛みを強く感じるようになります。

すなわち、死後の世界には肉体感覚は一切、持ち込めないようになっていますので、肉体的な快楽に溺れないことです。

宇宙の法則論から言いますと、本来、私たちは霊性に統合された意識体、すなわち、霊性意識体で存在しなくてはいけませんが、肉性に支配された意識体として活動する肉性意識体になっています。

意識が肉性に支配されると、大きな揺らぎによる**葛藤と摩擦**が生じるようになり、**エントロピー増大型**の人格を形成するようになります。

意識が霊性に統合されると、僅かな揺らぎによる**調和と秩序**が生じるようになり、**エントロピー減少型**の人格を形成するようになります。

故に、高次元の霊性進化を遂げていくことによって、成熟した精神文化が出現し、高い科学へと進歩を遂げていき、成熟した文明社会が出現していきます。

精神文化が科学文明を基礎付けていますので、**スピリチュアル・エモーション（霊的情動、霊的情感）Spiritual Emotion** を主体にフィジカル・フィーリングを対象に、発想のパラダイムの転換を図る時が世界的に来ているように思います。

ここで一生涯にわたって、運勢のある人生を送る方法を紹介します。

ゼロの法則に基づいて、霊性と肉性の揺らぎを限りなく、ゼロに近づけていき揺らぎの偏差が、僅かに霊性が肉性を上回っている生き方を心掛けていくと、一生涯にわたって運勢のある生き方が、自然にできるようになります。

運勢のある人は、常に霊性を頼りに**「閃《ひらめ》きと直感」**に意識を向けて、霊性意識体に素直に従って行動を起こす人です。

例えば、直感的に、あっ、こうしてみたい、そうだ、あれをしてみようと、素直に従って生きた方が、必ず上手くいくようになっています。

運勢のない人は、常に知性を頼りにア〜でもない、コ〜でもないと、頭を使い悩んだ末に意識が知識に囚われて、肉性意識体に従って仕方なく行動を起こす人です。

常に、閃きと直感を鍛えて、勇気ある決断で生きている人は、自然に運勢が人生を導いて、何もかもが上手くいくようになっています。

しかし、どうしても保身が邪魔をして、考えることに飼い慣らされている人は、常識や良識を優先する無意識の心癖で、運勢のない生き方をしています。

ですから、運勢にまつわる「ことわざ」に、「思い立ったら吉日」とか「善は急げ」とか「直感に神が働く」などがあり、その反対に、「下手の考え休むに似たり」とか「馬鹿な考え休むに如《し》かず」などがあります。

愛は相対化すること

肉体の欲望に支配されないように生きていくためには、人生に対する目的観を徹底的に確立して、霊性意識体の愛に統合されたスピリチュアル・エモーションを高い次元に拓いていかなくてはなりません。

そのためには、愛を主体としてすべてを相対化し、喜びを感情の通路として拓いていくことです。愛を一言で定義するとしたら、**「相対化」**するということです。

すなわち、私の意識が初めにあって、そのモノを結果として、私の意識が認識していますので、初めも終わりも、私の意識が原因であり、私の意識が結果です。

故に、意識には分離観による分離感はなく、距離観による距離感もない、初めと終わりは原因と結果に於いて、我が意識と一致している、ということを理解することです。

その理解に至っていないので、関わるモノとの分離感と距離感によって、自分自身であるという自己認識ができずに、大きな揺らぎによるありとあらゆる葛藤と摩擦を、自分自身の中に派生することで、あの人が悪い、この人が悪い、その人が悪いといった、不快な感情に陥っていきます。

あの人、この人、その人は、あなたの意識の中に存在しているのであって、あの人、この人、その人は何処にも存在していません。

人間は自分の勝手な都合で、他人が変わることを、当然のごとく要求しますが、自分が他人のために変わることとは、かたくなに拒否する傾向があります。

すべてを相対化するということは、すべてを愛するということです。愛するとは理解することです。理解するということは、そのものを納得して、受け入れるということです。

すべての存在に対して相対化し、距離観による距離感を持たず、分離観による分離感を持ち込まず、ゼロの法則に基づいて、自分自身の意識として認識して、究極の**デリカシー（繊細）**と**ホスピタリティー（癒しとおもてなし）**で関わることに自助努力を払うことです。

例えば、あなたが食事だとします。不味《まず》い不味いと言われて、食べられたらいかがでしょうか。

そんな人には二度と食べて欲しくない、と思いませんか？　逆に、美味しい美味しいと言って感謝と喜びで食べてくれたら、こんなに嬉しいことはありません。

鉱物のような無機質といわれる無生物であっても、植物や動物のような有機質である有生物であっても、すべてが意識の現れとして存在していますから、すべてのモノの意識を意識して関わることが重要な愛の基本的な姿勢となります。

ゼロの法則に従って、分離感と距離感をなくしていくと、意識が愛そのものに特化され、すべてに対して自分自身として意識を置き換えて、相対化することによって、究極のデリカシーとホスピタリティーで関わることが、自然にできるようになります。

分離感と距離感は、ゼロの法則に反して、意識に大きな揺らぎが派生し、葛藤と摩擦を生じることによって、不快な感情に陥るからです。

すべてのモノや人に対して存在価値を付与する義務と責任が、万物の霊長たる人間にはあります。それでなければ霊的な長《おさ》としては失格です。

霊的知性と霊的理性は、**愛＝霊的性稟＝霊性＝意識＝自由＝宇宙＝愛**となって、**「自由＝宇宙＝愛」**となりますから、宇宙は、**「自由に包括され、愛に統合されて存在している」**ことが理解できます。故に、愛の質的次元に基礎付けられて、自由の量的次元が拡大していきます。

3章のまとめ

◎「意識」は誰が何と言おうと絶対的に「自由」です。宇宙に匹敵するものが私たちに存在しているとしたら、それは「意識」です。

◎相反するものが打ち消し合った瞬間に「自由（静の状態）」が創り出され、瞬時に「揺らぎ（動の状態）」が創り出され、揺らぎは新たな相反するものを創り出す意識に特化されます。

◎知性を頼りに頭を使う人は意識が知識に囚われるので運勢がよくありません。直感と閃きを鍛えて勇気ある決断で生きる人は自然に運が拓《ひら》かれうまくいくようになっています。

4章

欲望と不自由の「地球意識場」から、愛と自由の「宇宙意識場」へ

——宇宙はゼロにして無にあらず

物質世界の対極に霊質世界

私の宇宙に対する一つの疑問と、解明すべき大きな課題がありました。

物質が存在するためには、物質を創り出す素となる材料がなければ、物質が物質として存在することは不可能です。

物質の素は何なのかを解明していくためには、物質を小さく、更に小さくして物質の限界までいって、その先に受け皿としてある霊質世界まで到達しないと、分からないことだからです。

エントロピー相対性の法則から検証すると、物質世界の対極に、真逆の霊質世界が存在していなければ、宇宙は極めてバランスの悪い存在になってしまいます。

陽の世界だけが肯定されて、陰の世界が否定されたら、極めてバランスの悪い世界になって、宇宙そのものの存在すら成立しなくなってしまいます。

宇宙そのものが調和と秩序を失って、自己破壊と自己破滅に向かうことになり、宇宙はすでに消滅して存在していないでしょう。

宇宙を見上げてみれば、星の割合は僅かなもので、ほとんどが空間に占められています。宇宙は星の中に空間が存在しているのではなく、空間の中に星が存在しているのです。

人間は地球意識場の中に呪縛されて存在していますので、どうしても地球中心の天動説的な思考から解放されません。

物質世界と霊質世界がゼロの法則に基づいて、物質と霊質のゼロ・バランスの境界域で、相対変換の法則に基づいて、霊質と物質が入れ替わりながら変換されて存在しています。

輪廻の法則に従って、地球物質界から地球霊界に行って、地球霊界から地球物質界に来て、また、地球霊界に行くといった行為を繰り返すのと同じことです。

宇宙は無限の意識の場ですから、意識は自由なもので、何の枠組みもありません。

無限意識場とさまざまな意識との相対性原力によって、あらゆる次元の世界がマトリックス化（創り出す）して宇宙空間に存在しています。

科学の壁は死線

死後の世界を認めない、物質限界に支配された科学の世界観で、どんなに宇宙を探求したところで、真実の結論を見出すことはできません。

なぜならば、宇宙は永遠かつ無限ですから物質限界を超えて、霊質世界に意識が到達しない限り、永遠かつ無限の世界が開かれていくことはないからです。

恐らく、死線（生と死の境目）が大きな距離感と分離感の意識の壁となって、**「科学の壁」**ともいえる大きな分離境界線となり障壁になっていると思います。

世界の宇宙工学の分野では、エキスパートといわれる、本当に優秀な科学者が、この科学の壁に突き当たり行き詰まって、自ら命を絶つという、悲しくも不幸な歴史の事実が、今も尚、たくさんあります。

一日も早く、このような優秀な科学者たちの救済のために、この法則と理論を届けたいものです。

私は生きながらにして、必然的に死後の世界を宇宙霊界から垣間見て、人生のある種の貴重な答えと結果を見出しましたので、科学者と私の決定的な違いが、そこにあると思います。

どうして必然的と言い切れるのかと言いますと、幼少期から母から与えられた人生の課題である、死後の宇宙観を知りたいが故に、毎日、真剣に想い続けてきた、意識の集積があることを自覚していたからです。

本来、この宇宙の法則と原則を真に待望している人たちは、一流と言われる物理学者や医学者、化学者、農工学者、宇宙工学者などの、さまざまな分野で道を究めて、地球の最高峰であるチョモランマの頂上に立った人たちです。

それぞれの分野で道を究めて、最高峰の頂上に立った、本物と言われる一流の匠は、極めて謙虚に高みの向上心で、更なる上位を目指そうとします。

しかし、チョモランマの頂上の上位に存在するものは、無空の世界が広がっているだけです。

一流と言う本物の匠は、超一流を目指してこそ、本物の一流と言えますので、無空の世界に到達できる方法を解き明かしている、この宇宙の法則と原則を必ず、理解できるようになっています。

もし、理解できないとしたら、二流以下の三流か四流のエロスのナルシシストであるか、あるいは恨みの強い唯物論者であることを、自ら露呈し証明することになるのではないでしょうか。

この理論を理解できる人は、生まれながらにして霊性次元が高いか、愛の情操が高い家庭に育ち、霊的知性と霊的理性が豊かに成熟している人です。

二流以下の有知識者に意外と死後の世界を信じない、認めない、分からない、という人が多くいます。

それもエントロピーは相対化していて、中途半端な**有知識者**は真逆に相対化して**無霊識者**となっています。

宇宙は無限意識場

話を戻して、物質を限りなく小さくしていくと、分子となり、原子となり、素粒子となります。原子には原子核があり、その周りを電子が回っている、という仮説に基づいて、原子模型という仮説理論が組み立てられています。あくまでも推測と憶測の理論式に基づいているのが科学の世界観です。

科学はすべて理論式によって構成され、実験式においては、ほぼ一致しているからといった具合で、何一つとして事実を確認し証明したことはありません。

科学はすべて推測と憶測による仮説理論によって成り立っていて、科学万能主義とはいえ、地球のことではありますが限界を感じずにはいられません。

科学は仮説理論に基づいていて、正しいか正しくないかは、別次元の問題であることを、前提に話を進めていきましょう。

原子核の中には電荷を持った陽子と無電荷の中性子があり、陽子と中性子との間を行き来する中間子の存在があって、日和見で陽子になったり中性子になったりしています。

陽子と中性子と中間子は、何を代弁した存在なのでしょうか。もっと分かり易く表現しますと、どのような意識の現れなのでしょうか。

宇宙は無限意識場といいました。宇宙に存在するモノは、**「初めに意識あり、宇宙は意識と共にあった」**。ですから、意識のないモノと揺らぎのないモノは、宇宙には存在しません。

故に、有って在るものとして、ゼロの揺らぎの意識によって、存在を余儀なくされていますので、意識のないモノは宇宙には存在しません。

地球が存在しているから、地球が存在しているのではありません。地球という意識の現れとして地球が存在しています。

故に、地球上に存在している自然界も動物界も人間界も、すべて地球意識場の範疇の中に、それぞれの意識の次元の相対性原力に従って、創り出した現象なのです。

すなわち、地球に存在するすべてのモノは、それぞれの個性に従って、自由意思の下に創造された地球意識場の現れなのです。

宇宙意識場の中ではなく、あくまでも地球意識場の中で創造されたモノであり、蟻は蟻の意識が蟻を形作り、鯨は鯨の意識が鯨を形作り、人間は人間の意識が人間を形作って、宇宙人ではなく地球人として地球意識場の中で存在しているのです。

皆さんの身の回りに存在しているさまざまな物も、地球意識場の誰かの意識によって創造された物として存在しています。

宇宙は無限意識場ですが、自由意識場でもありますから、すべてが自由意思に基づいて、自己決定による自己責任原則に従って、個々の意識が決定した生命体の姿かたちで存在しています。

地球意識場は霊性に基礎付けられた、霊性意識体で存在していますが、宇宙意識場は自由な個性に基礎付けられた、宇宙の次元に於ける個性意識体で存在しています。

宇宙はゼロにして無にあらず

陽子と中性子と中間子の現れを、もう少し意識に基づいて検証してみましょう。陽子と中性子の顕著な違いは、電荷があるかないかです。中間子はその間を行ったり来たりして、どちらにもなり得る自由なモノです。

陽子を更に小さくしていくと、素粒子にまで到達します。現在の科学の仮説理論に基づく物質の極小限界が、クォークとレプトンという存在としましょう。

クォークにはエントロピー相対性の法則に従って、アップクォークとダウンクォークが存在します。クォークとレプトンはそれぞれに、プラスとマイナスの電荷を帯びています。

中性子には電荷が存在していませんので、中性子の中身を科学的に分析して仮説理論を構築していくことは、極めて困難なことです。

ここで中性子という表現は分かり難《にく》いので、理論を整理するために、中性子を陽子に対して陰子と定義付けることにします。

中性子という表現は随所に出てきますが、基本的には陽子に相反する中性子を、陰子と解釈して読み進めてください。

私は宇宙霊界の貴重な体験に基づいて、私なりの陽子と中性子と中間子に対する哲学的な仮説を立てることにしました。

それは、電荷のある陽子が肉体を代表して、電荷のない中性子（陰子）が霊体を代表して、自由に両方を行き来できる中間子が意識を代表しているというものです。

ミクロの世界では、電荷を持つ陽子が肉体を代弁し、電荷のない陰子である中性子が霊体を代弁し、中間子は意識を代弁して、自由にどちらにも属するというものです。

陰子である中性子を物理的な理解で捉えるより、霊的な解釈で捉える方が、哲学的に妥当だと判断したからです。

なぜならば、私が経験した宇宙霊界は、科学的な世界というよりも、極めて哲学的な世界に近いものを感じたからです。

中間子に大きな揺らぎが発生すると、摩擦と葛藤が起き電荷が生じて、陽子に原子転換されます。

中間子の揺らぎが小さくなり、プラスとマイナスが中和し、陰と陽が中性になっていくことで、電荷のない中性子に陰子転換されていきます。

中性子は電荷がない陰子ですので摩擦がなく、霊体のように簡単に物質を通り抜けていきます。陽子は電荷があるために摩擦を生じて、熱変換して物質を通過できず、減速して止まってしまいます。

「物質が極小限界にまでいくと、その先は正真正銘の無になってしまいますので、ゼロの法則に基づいて、エントロピーは相対化して、意識のゼロの揺らぎ理論に従って、対極に霊質という真逆の仮説が、受け皿として存在しないと、物質自体の説明がつかなくなってしまいます」。

死生観に基づく生と死に対する、「ゼロの法則」でも説明しましたように、肉体の死をもって霊体の生が現れ、霊体はゼロの法則に基づく、僅かな意識の揺らぎの相対変換の法則に従って、今というゼロ時限に於いて、霊体の死と共時的に同時に霊体の生が現れ、生と死が瞬時に繰り返し、破壊と創造の原則に従って、上書きされ入れ替わることによって、霊性意識体の存在を持続可能にするという「ゼロの生命体」が証明しています。

霊体が存在するもう一つの証明は、肉体の生と死のみが存在するとしたならば、ゼロの法則に基づくゼロ・バランスの生と死が、あまりにも大きな揺らぎを生じてしまうことです。

肉体の生と死がゼロ時限で出会うには、脳死や心肺停止などの状態である、固体のマクロ的な死から、60兆個もの肉体細胞が完全に死滅するミクロ的な死までの時間が、数時間から数日間ほど掛かる時間軸を考えると、肉体の固体死である物理的な死生観だけでは、ゼロの法則を説明するのに必要かつ十分な条件が、まったく満たされていないことになります。

ゼロの法則に基づくエントロピー相対性の法則によって、霊質世界が肯定されることで、真逆の物質世界が肯定されることになります。

物質世界のみを肯定するということは、肉体の感覚のみを肯定して、霊体の感情を否定することになり、それでは不完全、不十分、不均衡の唯物論者の理論になってしまいます。

科学には物質が光の速さを超えると、ローレンツの収縮によって、物質は消滅して質量は無限大になる、という全く矛盾した仮説理論がありますが、宇宙空間には光のスピードを遥かに超えた、霊質素材が無尽蔵に遍満存在しています。

「宇宙はゼロにして無にあらず」です。

もし、何もない無の瞬間が存在したら、その瞬間に宇宙の存在そのものが、否定されてしまいます。極小の物質素材であるクォークとレプトンの対極にある霊質素材があるとしたら、どのような素材なのでしょうか。

太陽の死後に現れるブラックホールとパルサー

この存在を突き止めるヒントが、私の超常的かつ貴重な霊的体験によって感得した、スピリチュアル・エモーション（霊的情動）の中にあるのではないかと直感しました。

地球外の存在で地球に最も影響力のある、地球の生命体になくてはならない存在を検証することで、宇宙への扉が開かれるのではないかと直感しました。

その存在とは、**太陽**の存在です。なぜ、太陽に注目したのかは、後ほど、詳しく説明したいと思います。

太陽も宇宙での役割と責任が終了して、やがて死を迎える時が訪れます。太陽の死を科学的には**超新星爆発**と言います。太陽を理解すれば理解するほど、宇宙の扉が開かれていきます。

まず、太陽と地球と人間の関係性を、哲学的かつ科学的に考察し検討して、検証してみましょう。

地球環境は太陽が創り上げているといっても過言ではありません。光と熱による風や雨などが、自然環境の森羅万象を司《つかさど》ってくれている恩恵だけでも計りしれません。

太陽は、病める者も健やかなる者も、貧しき者も富める者も、心貧しき者も心豊かな者も、罪深き者も清らかなる者も、すべて等しく日を昇らせ、日を没します。

太陽は、核融合で自らを燃焼しながら、地球に光と熱を無償で送り続けています。太陽は、哲学的には、**「自己犠牲の慈善による無欲の大徳」**そのものといえるでしょう。

太陽は、愛の限りを尽くして、自らを燃焼させながら、やがて完全に燃え尽きる時を迎えます。太陽の死です。

超新星爆発は宇宙の無限意識場の中に起こる大事件です。太陽のような恒星という大きな核爆弾が大爆発を起こすと、無限意識場の調和と秩序の中に、とてつもない大きな揺らぎが発生し、エントロピーは一気に増大して、宇宙空間に大きな空洞が生じます。

この結果、宇宙に**ブラックホール**が出現して、ブラックホールの中では激しい摩擦と葛藤が生じ、強烈な雷鳴と共に電磁場が発生します。

超新星爆発によって創り出されたブラックホールは、宇宙空間に現れた巨大な換気扇のようなもので、超新星爆発によって空間に放出された、ありとあらゆる不調和と無秩序の意識を飲み込んで、新たな星などの固形物質に転換して放出します。

この無秩序の拡大によって、新たな星がたくさん放出され誕生してきます。

すなわち、宇宙の無限意識場の中に生じた、大きな揺らぎによる摩擦と葛藤によって、ダストボックス（ゴミ箱）ともいえるブラックホールから、さまざまなゴミやチリとなった物質の塊である星群や隕石やガス体が創り出されます。

このブラックホールの真逆に相対化して出現したのが、**パルサーという中性子星**です。

このパルサーという中性子星は、ブラックホールに相反するホワイトホールと位置付けても良いのではないかと理解しています。

私の体験した霊的な記憶によると、ホワイトホールは愛に基づく、調和と秩序へと成熟した意識体のみを呼び込んで、新たな高次元の空間に誘い導くためのスピリチュアル・コズミック・ゲート（宇宙霊界の門）となっています。

太陽の超新星爆発は太陽の死です。人間の一生も呼吸で始まって呼吸で終わり、肉体は燃え尽きていきます。

肉体の生・老・病・死は、酸素によって生き、酸素によって老い、酸素によって病となって、酸素によって死して、最終的に肉体は火葬場で酸素によって焼き尽くされていきます。

すなわち、常に酸化現象によって肉体は太陽と同じように燃えているのです。人間が死して肉体を脱いだ後に、霊性意識体が残るとしたら、太陽が超新星爆発を起こした後に、何が残るのでしょうか。

太陽が超新星爆発で物質燃焼した後に、陰子である中性子のみで創られた中性子星というものが出現します。この中性子星の大きさは、あれほど巨大だった太陽が、僅か半径十キロメートルほどのものになってしまいます。

太陽の意識が愛を尽くしていくに従って、ゼロの法則に基づいてエントロピーが減少していき、内部の核に向かって陰子である**スピリチュアル・マテリアル（霊質素材）Spiritual Material**が凝集され圧縮されていきます。

太陽の核の部分に向かってエントロピーが減少して、ゼロ・バランス（ゼロの揺らぎ）の限界になった時に、外殻ではエントロピーが増大して、陽子である**フィジカル・マテリアル（物質素材）Physical Material**のエネルギーが、外に向かって一気に膨張して限界にまで達した時に、超新星爆発が起きてブラックホールという巨大な無秩序を創り出します。

このブラックホールの真逆に相対化して現れたのがパルサーといわれる中性子星です。中性子星は可視光線を放っていないので肉眼では確認できません。

すなわち、低次元の霊性意識を飲み込んで、新たに物質化させるのがブラックホールで、高次元の霊性意識を飲み込んで、新たな高次元世界へ誘い、導くのがホワイトホールということになります。

地球霊界は霊界の太陽によって秩序立てられている

私の思考は、すべてが超常的かつ貴重な霊的体験に基づいた感得からもたらされています。太陽に着目した理由もそこにあります。

私が見てきた地球霊界は、**「霊界の太陽」**によって秩序立てられ、そこ（地球霊界）に住む霊人たちの霊層域に従って、低い霊層次元の無秩序な霊人から、高い霊層次元の秩序立てられた霊人に向かって、太陽の影響力と恩恵が明らかに違っています。

霊人たちは霊界の太陽から降り注ぐ、何らかの霊流をエネルギー源として存在を余儀なくされているようでした。

霊界の上位に位置する霊人たちは、太陽の愛と恩恵を享受し、とても綺麗で穏やかな顔立ちをしていて、**「快喜な情動と情感」**で、地球霊界のレベルの自由と愛を謳歌《おうか》して存在しています。

霊界の太陽の下位に存在する霊人たちは、いかにも劣悪で醜悪な顔立ちをしていて、**「不快な情動と情感」**で不自由と恩讐《おんしゅう》の中で、憎悪と共に存在しています。

地球霊界には霊界の太陽の霊流を遮《さえぎ》るように、それぞれの霊層次元に従って**「情念の雲」**が存在しています。

情念の雲は、自然界の雲と同じように、下から上に向かって上昇した空気が冷やされて雲になるように、霊人たちの不快な感情が上位に向かって放たれ、太陽の霊流によって不快な情念の雲として凝集され作られています。

情念の雲は、不快な情動と感情のエネルギーで創り出される、憎悪の強さと分量によって違っていて、霊層次元が低くなるに従って、真っ黒く分厚くなって霊流が全く届かないようになっています。

地球霊界は霊性意識体の次元に基づいて、群れの法則に従ってテリトリー（集落）が創られて、みんな同じ顔立ちをして同じ行動を取っています。

霊人たちの共通の分母は霊性ですから、霊性に基づいて分子の意識は集合して群れを作るようになっています。

肉体の基本設計はＤＮＡですから、ＤＮＡに同じ傷を持つ人は、同じような病気と容姿になります。

霊体の基本設計は霊性ですから、霊性に同じ傷を持つ霊人は、同じような霊癖《れいへき》や容姿になります。

怒りの人は怒りの顔で怒りの行動をして、悲しみの人は悲しみの顔で悲しみの行動をして、醜悪な人は醜悪な顔で醜悪な行動をして、劣悪な人は劣悪な顔で劣悪な行動をして、感謝の多い人は感謝にあふれた顔で感謝を表す行動をして、喜びに満ちている人は喜びの顔で喜びの行動をする、といったようにスピリチュアル・エモーションである、霊性の情動に基礎付けられた意識の顔と行動で存在しています。

肉体の存在がありませんので、霊性意識体がむき出しになっていて、霊層次元の同じ集落にいる人たちは言霊が同次元ですから、肉体のような言葉は必要ありません。以心伝心で阿吽《あうん》のごとく相手に感情や情動が一瞬にして伝わるようになっています。

地球霊界は情念の雲によって、大きく三つに分かれていて、下層域のアストラル界から中層域のメンタル界、そして上層域のコーザル界に区分されています。

コーザル界の高次元の霊人と、アストラル界の低次元の霊人のように、霊層次元のまったく異なる霊人たちは、言霊の次元が違うので、まったく通じ合うことができず、コミットメントすることさえできません。

有神論者の宗教者と無神論者の共産主義者が議論しても、キリスト教徒とイスラム教徒が議論しても、与党と野党が議論しても、まったく噛み合わないのと同じです。

故に、霊界は情動の激しい世界で、思った瞬間に怒りは怒りのままぶつかり合い、妬みは強烈なジェラシーによる奪い合いになり、不快な感情はそのまま劣悪かつ醜悪なスピリチュアル・エモーション（霊的情感、情動）として特化され、そのままの情動化した世界が、阿鼻叫喚《あびきょうかん》の世界としてマトリックスされて現象化されています。

地球霊界はこのように霊界の太陽に包括され、愛に基づいて統合されている存在である以上、霊界の太陽は霊人たちに大きな影響力を行使していることになります。

人間は地球物質界ですべて創られた世界に依存して、物質に飼い慣らされた霊性意識体ですから、地球霊界に行っても創られた世界に、依存して存在することを余儀なくされています。

地球霊界と宇宙霊界の決定的な違いは、受動的に創られた世界に依存するのか、それとも自由意思に基づいて、能動的な個性に従って、すべてを創り出していくかの違いだと思います。

太陽と霊性意識体・月と肉性意識体

物質世界の太陽と霊質世界の太陽の違いは、どこにあるのでしょうか。

私の貴重な経験によると、地球霊界には太陽の存在があっても、どこを見渡しても月の存在がなかったことです。そのことが私には大きな疑問として残っていました。

すべてのモノには、存在の目的があって、存在の意味と意義を見出して、存在の価値を創造するように方向付けられていますが、仕方なく存在しているのは、地球生命体くらいで、宇宙には、ほとんど存在していません。

物質世界には太陽と月の存在はありますが、霊質世界には月の存在がないということは、物質世界では月の存在が必要であって、肉体を脱いだ霊質世界では月の必要性がないということになります。肉体を失った霊界では、月がないということは、月の役割と責任が物質界で完結したことになります。

すべてのモノが、相対性原力の法則に基づいて存在していますので、肉体が存在するためには、月の存在が不可欠だったことになります。

実は、成長や生殖などの肉体に於ける、生体の機能やバランスを司ってくれているのが月の存在なのです。月が自然界に与える生理的な現象はたくさんありますが、ここでは割愛します。『逆説の真理が運命を拓く宇宙の法則』（セルフ・ヒーリング実践研究会・刊）という本の中で、紹介していますので興味のある方は参考にしてください。

確かに肉体は、脳、肺、胃、腸、肝臓、胆のう、膵臓《すいぞう》、脾臓《ひぞう》、腎臓といったように、ほとんどの臓器、臓腑に月偏《つきへん》（肉月《にくづき》）がついているのは、単なる偶然でしょうか。

宇宙の存在で地球にとって最も近しい存在は太陽と月で、見掛けの大きさが重なり合うように霊体と肉体のように同じです。

物性意識体である肉体が存在するためには、肉体のエネルギー源となる**フィジカル・マテリアル（物質素材）**が必要となります。

霊性意識体である霊体が存在するためには、霊体のエネルギー源となる**スピリチュアル・マテリアル（霊質素材）**が必要となります。

物質体の素である素材が、クォークとレプトンと仮説したら、霊質体の素である素材を仮説して突き止めない限り、霊界の太陽の存在目的が解明できなくなってしまいます。

太陽の日照時間が精神的な情動や情感に大きく影響していることはすでに分かっています。

太陽と月は真逆に作用していて、精神科医の検証によると、満月の夜には精神的な面に何かしらの影響を及ぼすことがあるといった報告があります。

西洋では、ドラキュラやフランケンシュタイン、オオカミ男が満月の夜に現れるといったオカルトチックな話もそのような事実からインスピレーションが湧いたのでしょう。

このように太陽は単なる光と熱だけではなく、霊性に大きな影響を与えるモノを降り注いでいると考えられます。

そこで私は、超新星爆発の後に現れた中性子星に注目しました。陰子である中性子の中身の本質が、何であるかを解明することで、霊界の太陽と宇宙空間の素材の本質が解明できるのではないかと思ったからです。

宇宙が自由に包括され愛に統合された存在だとしたら、自由を自由として機能させる、愛を愛として機能させる、言葉を換えると、**「自由と愛を創り出す素材」**というモノが、あるのかないのかという素朴な疑問です。

自由と愛を創り出す素材の解明

そこで私の霊的かつ超常的に体験した貴重な真実に基づいて、検証し証明することを試みました。精神文化が科学文明を築き上げてきた事実に基づいて、知的知性を頼りにするのではなく、歴史を通して霊主体従の法則に従い、霊的知性を頼りに解明していくことを試みたのです。

霊主体従の法則に基づいて、精神的な哲学が上位に位置し、物理的な科学が下位に位置している以上、科学的な検証よりも哲学的な検証を頼りに、宇宙の本質を解明することが妥当だと理解したからです。

なぜならば、近い将来には、「電子的な人工知能（ＡＩ）Artificial Intelligence」が、人間の知識や知力を遥かに超える時代が、間近に訪れるからです。

人工知能がありとあらゆる分野で活躍する時代が訪れて、知的分野での作業はすべてＡＩが担当することになります。

例えば、医者や弁護士の分野などは、すべてＡＩが的確に管理し判断していく時代になります。人間の無能化する時代が訪れ、人間のやっていたことが、人工知能とロボット技術に取って代わられ、既存の社会構造がドラスティックに変わる時代が必ず訪れるからです。

学歴至上主義の勝ち組である、地位欲や名誉欲や財物欲の強い、医者や弁護士、官僚、会社役員は、まったく必要のない無用の長物になります。

当然、みんながそうではなく、欲深く傲慢な医者や弁護士、官僚、会社役員が半分いたら、残りの半分は謙虚で人格的な公徳心のある人たちが半分いると理解した方が自然です。

人類に残された唯一の分野は、知的知性や知的理性を追求するのではなく、高次元の霊的知性と霊的理性が求められる時代になるからです。

科学的なフィジカル・フィーリングの仮説理論を頼りにするのではなく、哲学的なスピリチュアル・エモーションの仮説理論に基づいて、霊性と意識の相対性原力に従って繙《ひもと》くことにしました。私の霊的な経験に基づく霊性の次元と、自由な意識を頼りに解明するしかありませんでした。

中性子も意識の現れであり、意思もあるということを前提に、私の中に存在している中性子との意識の場を形成して、相対性原力によってスピリチュアル・エモーションを最大限に引き出すことに専念しました。

「アルファとオメガは原因と結果に於いて一致している」という宇宙の大原則がありますから、自分の外に意識を向けるのではなく、自分の内なる中性子と意識を徹底的に向き合わせていくことにしました。

私の外側にあるものと相対することは、ゼロの法則に反して距離感と分離感に於いて、あまりにも揺らぎが大きく、極力、ゼロの法則に基づいてエントロピーを減少化することで、ゼロの揺らぎ理論に従って、中性子の中身を追求することを試みたのです。

まず、私の意識を陰子である中性子に相対化して、霊的に愛することができるかという課題です。愛するとは霊的に理解することです。霊的に理解するということは無条件で受容することです。無条件で受容するということは、相対化して一体化するということです。

すなわち、距離感と分離感を解放して、**「私即中性子、中性子即私」**という、スピリチュアル・エモーション（霊的情愛）の関係を創り上げるところから始めました。

霊的知性を頼りに相対化

来る日も来る日も、毎日をこの実践のために費やした記憶があります。

ある日、入浴しながらボーッとしていた時のことです。突然、私の意識の中に飛び込んで、マトリックス化した霊的情感にハッとさせられました。

科学者が必死になって**think**している時は、何もアイデアも発想も生まれないが、**think**を手放して、何も考えずにリラックスしている時に、偉大な発見や発明や閃きが**feel**によって与えられた、という話と同じだと思います。

一心不乱に必死になって尋ね求めていた時には、意識の葛藤と摩擦が大きく、何も感得しえなかったのですが、意識をフリーに解放したときにスピリチュアル・エモーションが働いたのだと思います。

ここにも、「ゼロの法則」と「エントロピー相対性の法則」が働いて、真逆の相対化が意識の中に起きたのです。

つまり、意識を一点に集中させて圧縮することによって、ゼロ・バランスの揺らぎの限界にまでいって、何気に意識を解放した時に、今まで集積した意識が爆発するようにマトリックス化して、現象として起きたのだと理解しています。

この現象を、「意識の集積爆発」と言います。

私が感得した陰子である中性子の内部には、双極に二つの霊質素材が**ペアーシステム**をなして、神々しくも様々な光色を放ちながら、**自由に調和と秩序**を形成して渦を巻くように現れては消えていることが分かりました。

慈しみ愛し合う男女の究極の恋愛を見ているかのように、美しくも嬉しくも感じたことを、今でも懐かしく思えます。

この霊質世界と違って、物質世界は自由に方向付けると、無秩序と不調和が増大して拡大していきます。

三大霊質素材の発見と解明

一つの存在が自由を自由として機能させる霊質素材で、もう一つが愛を愛として機能させる霊質素材だということは容易に理解できました。

私は、このSpiritual Material（霊質素材）の一つを、自由を創り出す霊素として、「Freek（フリーク）」と名付け、もう一つは、愛を創り出す霊素として、「Frepton（フリプトン）」と言霊に基づいて命名することにしました。

この時に、偶然なのか必然なのか分かりませんが、感得したもう一つの霊質素材がありました。それは、FreekとFreptonとの相対構造の中に、必然的に創り出されてくる、喜びを創り出す霊素があることが分かりました。その霊質素材を、「Frectron（フリクトロン）」と言霊で名付けることにしました。

陰子である中性子の内部は霊性と意識の共同作業でなければ解明できなかったことと今でも思っています。

すなわち、愛の霊質素材であるフリプトンが、霊性の質的次元を基礎付けて、自由の霊質素材であるフリークが、意識の量的次元を基礎付けて、霊性が意識を統合して霊性意識体の霊層次元を決定しています。

蟻は蟻の霊質次元のフリークとフリプトンとフリクトロンが、蟻の霊性を基礎付けて、蟻の霊性が蟻の意識を方向付けています。

人間は人間の霊質次元のフリークとフリプトンとフリクトロンが、人間の霊性を基礎付けて、人間の霊性が人間の意識を方向付けています。

鉱物から植物、動物、地球、太陽、宇宙に至るまで、すべて存在するモノは、それぞれの霊質次元のフリークとフリプトンとフリクトロンが、それぞれの霊性を基礎付けて、それぞれの霊性が、それぞれの意識を方向付けています。

フリークとフリプトンとフリクトロンは物質素材ではありませんから、霊性進化に基づいて、**Spiritual Emotion**（スピリチュアル・エモーション）を高次元に上げていくことで、誰でも感得できます。

事実、パラレボ（パラダイム・レボリューション）な生き方をしている人たちに、感得できる人たちが増えてきていることで証明できます。パラレボな生き方とは、冒頭（「はじめに」）でも述べましたように、これまでの地球上の価値観ではなく、宇宙論的証明に基づいたスピリチュアル・エモーションを高次元に上げていく生き方です。

しかし、**Freek**と**Frepton**と**Frectron**を解明することは、死線を越えた経験がないと、知的知性や知的理性を頼りにする科学の範疇では、不可能なことであり、霊的知性と霊的理性を鍛えて、鍛えて、鍛えぬかないことには困難なことかも知れません。

カレーライスを食べたことのある人と、食べたことのない人が、カレーライスを論じ合うことよりも難しいことかも知れません。

今、想うと山に籠《こも》り滝行をし、断食などをしたことも、自己満足と自己陶酔の無駄な修行だったと思っていましたが、この時ばかりは無駄ではなかったと、自分自身の慰めにもなりました。

人生の目的そのものが、地球霊界に行くためではなく、宇宙霊界に行くためだからです。

フリークとフリプトンとフリクトロンは、**自由霊素**と**愛霊素**と**喜霊素**を基礎付ける宇宙の、**「重要な三大霊質素材」**です。

物質世界による物質素材の仮説理論は、**Quark（クォーク）**と**Lepton（レプトン）**と**Electron（エレクトロン）**の**「三大物質素材」**によって構成されています。

4章のまとめ

◎地球上に存在している自然界も動物界も人間界も意識によって現象化しています。地球という意識の現れとして地球が存在しています。

◎死後の世界を認めないのは物質に支配された科学の世界観であり、中途半端な結論しか見出すことはできません。物質限界を超えなければ「科学の壁」は超えられません。

◎物質である肉体が存在するためには、その源となる素材が必要ですが、愛や自由や喜びを創り出す素材もあることが分かりました。

5章

地球限定の「物質素材」から、宇宙で使える「霊質素材」へ

――宇宙では摩擦と葛藤の係数がゼロに近い

物質素材が創り出されるメカニズム

三大物質素材と三大霊質素材の仮説理論が提案されましたので、これらの素材がどのようなメカニズムによって創造されるのかを、科学的かつ哲学的に検証し証明していきましょう。

「初めに意識あり、宇宙は意識と共にあった」というのですから、すべてのモノが意識から創り出されるということは誰でも容易に理解できます。

すなわち、意識がマトリックス化したものが、クリエートされていき現象化するというメカニズムです。

では、意識を中心にエントロピーが真逆に相対化して、物質素材と霊質素材が創り出されるメカニズムとシステムを検証してみましょう。

物質素材が創り出されるメカニズムは次のようになっています。

まず、意識に揺らぎが生じて、その揺らぎが大きくなるに従って、エントロピーが意識の中で増大して摩擦と葛藤が起きます。意識が激しく摩擦と葛藤を生じると、電荷を帯びるようになりエレクトロンが発生します。それと同時に、共時的にクォークとレプトンが誕生します。

葛藤と摩擦が激しさを増すと電子量が増えていき、それに伴って同時に陽子量も増えていき、陽子の数に従って水素、ヘリウム、リチウム、ベリリウム、ホウ素、炭素、窒素……というように、原子番号と共に重い原子が創られていきます。

物質世界に飼い慣らされた意識は物質化して肉性意識体と成ります。

意識が物質化していくと電子脳に支配されていきます。

Physical Feeling（フィジカル・フィーリング）である肉体感覚は、すべて脳の電子回路によって制御され、脳から発せられた微弱な電流が、神経回路を通して五臓六腑、四肢末端に流れていき、五感のイオン・チャンネルをイオンという微弱な電子が通過して、フィードバックしてきた電子情報を、脳がコンピューター解析して感覚として捉えています。

ですから、脳が壊れて脳死状態になったら、その瞬間にすべての感覚を失います。

まさしく、人間の肉体は脳というコンピューターに制御された電化製品と同じです。

意識が不快な感情によって、激しく葛藤と摩擦を生じると、脳内の電子が激しくエントロピーを増大化して、神経回路に過剰な電流が発生し、脳波が異常に上がってスパイク・ウェーブとなり、電流が暴走して流れ出すと、怒り心頭になって、辛らつな言葉や血気、怒気、暴力といった言動に至ります。

霊性意識体を覆う肉体は、地球という物質環境に適応しており、移動や活動のための手段として、なくてはならないモビルスーツの役割を果たしています。

そのモビルスーツは、電子脳に支配されていますので、不快な感情による葛藤と摩擦によって電子量を増幅するか、それとも快喜な感情で電子量を抑制するかで、知的知性と霊的理性の揺らぎが、全く違ったものに成ります。

霊性の次元が低い霊体、例えば、自殺霊や地縛霊などが関わっている場所では、電波や電気機器に異常現象（ポルターガイスト現象）を起こすことがよくあります。

霊層次元の低い邪霊や粗霊の霊質素材は、電子に近いため電気機器の電子に反応しやすく、関わりやすいからです。

脳科学はメンタルとフィジカルの境界がなく、グチャグチャの理論を展開しているように見受けられます。

脳科学者はもっと科学的に脳内構成に従って、脳内のイオン電子の量的な電流を測定して、フィジカル・フィーリングの反射区を、制御する方法を真剣に解明した方が肉体の健康には役に立ちます。

物質素材が誕生するメカニズムは、意識のエントロピーが増大化していくことによって、摩擦と葛藤が生じて、意識そのものが物質化するということになります。

意識が物質化している人は、意識そのものが物質ですから、唯物論者のように死後の世界も信じない、認めないという霊的無知と霊的痴呆に陥った、極めて低次元な人間になってしまいます。

霊質素材が創り出されるメカニズム

霊質素材が創り出されるメカニズムは次のようになっています。

意識の揺らぎがゼロの法則に基づいて、ゼロ・バランスに近づくに従って、エントロピーは減少化していき、プラス＋マイナス＝中和、陰＋陽＝中性、善＋悪＝中庸のように安定化することによって、フリクトロン（喜びを創造する霊質素材）が発生します。

それと同時的にフリーク（自由を創造する霊質素材）とフリプトン（愛を創造する霊質素材）が誕生します。

意識が限りなく中和や中性や中庸に近づいて安定度を増すと、フリクトロン量が増えて、フリークとフリプトンの量が連鎖反応のように長足的に増幅します。

その結果、中間子が中性子に転換され中性子量が増えて、意識は霊質化して霊性意識体となります。

スピリチュアル・エモーションである霊体情動は、霊性次元に基づく意識の相対性原力の法則に従って、愛を主体とし喜びを対象として、感情の通路を自由へと方向付けます。

このメカニズムとシステムに従って、太陽は愛の貢献の役割と責任を全うしながら、ゼロの法則に基づいて、エントロピーを減少化していき、フリークとフリプトンを生成しながら中心核に圧縮していき、中性子量を増加しながら中性子星の原型を創り上げていきます。

ゼロの法則に基づいて、太陽の中心核に向かって、エントロピーが減少すると、真逆に相対化して太陽の外殻に向かって、エントロピーは増大していき、その限界域で超新星爆発が起きます。

その結果、エントロピー相対性の法則によって派生した、相反する真逆の相対的な存在が、中性子星（パルサー）とブラックホールです。

このフリークとフリプトンが中性子星の中に凝集されて、フリクトロンが強烈なパルサーとなって、宇宙の広範囲にフリクトロンを放出しています。

ここで少し専門的な話になりますが、難しいようでしたら飛ばし読みしてください。

善を理解しない者は、悪の存在を理解することができないように、ミクロの世界（量子世界）を理解できない人は、マクロの世界（宇宙世界）を理解することができません。

例えば、ミクロの原子核の世界に於いて、水素、ヘリウム、リチウム、ベリリウム、ホウ素、炭素、窒素……などの元素が、ゼロの法則に基づいて、陽子の意識と中性子の意識との揺らぎが、限りなくゼロに近づくに従って、中間子の意識が中性子の意識に転換されていきます。

その現象によって、中性子の量が増えていくことにより、霊質に基づく中性子量と物質に基づく陽子量のバランスが崩れて、原子の核内は不安定な励起状態（興奮と葛藤）に陥り安定元素が放射能に変わります。

不安定になった励起状態の放射性同位元素（放射能）は、ベータ線やガンマ線などの放射線をエネルギーとして放出し安定化しようとします。

このように霊質の中性子量が増えることによって、物質の陽子の拘束から解放され、自由になろうとして、原子そのものが葛藤と励起の状態に置かれることになります。

原子の変化を氷と水と気体の現象を通して、分かり易く説明しますと、氷の原子が中性子の熱（熱中性子）によって溶解（メルト）して液状化すると、原子が水のような状態になることによって闊達に原子内が動き出します。

熱中性子といっても物理的な熱エネルギーがある訳ではなく、哲学的な観点からみると、霊的（精神的）なモチベーションが上がると、必然的に物理的（肉体的）な活力が無条件で湧き上がるのと同じ現象です。

さらにエネルギーが高まると、液体分子の一部が気体分子（ベータ線やガンマ線）となって空間に飛散するメカニズムとシステムと同じ現象だと理解してください。

哲学的にも人間は、自由と愛と喜びの情動によって、フリークとフリプトンとフリクトロンが霊性に生成され増幅されることによって、中性子量が増加していき霊質化に向かいます。

霊質素材の質的次元が上昇していくに従って、必然的に霊性意識体は肉体の桎梏から解放されて、自由になりたいという意識が、無条件で発動していくようになります。

しかし、人間は霊性を基礎付ける霊質素材（フリークとフリプトンとフリクトロン）が圧倒的に不足していますので、肉性を基礎付ける物質素材（クォークとレプトンとエレクトロン）に支配され、欲望に従って現世利益のために生きる生き方に終始していきます。

霊質素材が完全に欠乏して、霊体と肉体のバランスが著しく崩壊すると、精神障害に陥り、自己破壊と自己破滅に方向付けられて、最終的には自殺といった最悪の事態を招く可能性があります。

これらの病気を治す方法はただ一つです。質の高い霊質素材であるフリークとフリプトンとフリクトロンを増やす環境と経験を積み重ねて、霊質素材を自ら創り出せるようにしていくことです。

医学の物質素材の薬では精神障害を完全に治せない理由がここにあります。

人間社会に於いても、精神的にも肉体的にも抑圧された独裁的な国や社会の環境から、何かのトリガー（切っ掛け）によって、精神が解放に向かうと、必ずクーデターや革命などによって、環境そのものを変えようとするか、他国に飛び出そうと亡命するか、あるいは難民になってしまいます。

中性子を取り込んだ原子番号の大きい超ウラン元素は、核そのものが核分裂を起こし、エネルギーを一気に解放して安定化を図ろうとします。この現象が核分裂による連鎖反応であり、原子炉や核兵器の原理にもなっています。

マクロの世界に於いては、太陽を一つの原子に喩《たと》えると、太陽のコア（核）に向かって、フリークとフリプトンとフリクトロンが生成されることにより、中性子が増幅して集積されていくことによって、太陽全体が励起状態に陥って、やがて臨界に達します。

この臨界に達した時に超新星爆発が起こり、その結果、破壊と創造の原則に従って、新たに成長した、相反するブラックホールとホワイトホールが宇宙に誕生します。

このように新たに成長した霊質世界と物質世界が宇宙に創り出されていき、この瞬間にもあちらこちらで超新星爆発が次から次へと起きていて、宇宙は物凄いスピードで拡大し続けています。

高速増殖炉も中性子を原子内に取り込んで増幅させることによって、放射能化し臨界にまで達する原理に従って構造化されています。

すなわち、ゼロの法則に基づいて、エントロピーが減少化して、霊質素材が中性子内に圧縮されていくと、真逆に相対化して、エントロピーが増大化して、物質素材が陽子内で増殖して臨界に向かっていきます。

ですから、太陽は肉体に必要な光や熱などの物質素材を供給しているだけではなく、霊体に必要な太陽フリークや太陽フリクトロンなどの霊質素材を供給してくれています。

これが、肉体離脱した霊界には太陽の存在はあっても、月の存在がなかった理由なのです。

宇宙の空間には、宇宙フリークと宇宙フリプトンと宇宙フリクトロンが遍満存在していて、宇宙霊人は、この次元の霊質素材をエネルギー源として活用し、モビルスーツ（移動や活動のためのスーツ）としても活用しています。

環境に適合したモビルスーツ

地球人は物質素材をエネルギー源として活動し、モビルスーツ（肉体）としても活用しています。

地球の空間には、H（水素）とC（炭素）とN（窒素）とO（酸素）が99パーセント以上を大気成分として占めて、肉体成分も同じように大気を凝集して作ったように構成成分が99パーセント以上、同じ元素でできています。

大気成分と同じ素材のモビルスーツを身に着けることが、地球環境の中では移動や活動の手段として最も適しているからです。

では、地球意識場に於いて、どのようなメカニズムによって、生命が誕生したのでしょうか。

46億年前の地球物質界の環境は、マグマの活動が活発に行われていて、極めて劣悪な厳しい環境であり、とても生命体が住めるような状態ではありませんでした。

当然、それに相対化して地球霊界も極めて劣悪な不毛の荒涼とした世界を創り出していました。ゼロの法則に基づいて、地球意識場に於いて、大きな揺らぎから徐々に、地球霊界と地球物質界のエントロピーが共に減少していき、環境も少しずつ混沌と混迷から安定化していきました。

8億年の年月を掛けて、霊質世界と物質世界に於いて、生命が誕生する環境が整えられていきました。

地球意識場に於いて、霊主体従の法則に基づいて、地球霊界では低次元の霊性の揺らぎによって、極めて単純な霊性意識が創られ、それと同時に地球物質界では、DNAとアミノ酸という極めて単純な相対構造が創られました。

DNAとアミノ酸の相対構造と低次元の霊性意識が、ゼロの法則によって出合い、地球物質場にバクテリアという霊物共存の原始生命体が誕生しました。

人類は、**「環境適合の法則」**に従って進化がなされ、霊性進化と共に地球環境に適合したモビルスーツを、形を変えて身に着けるようになり、基本的に地球内生物は、同じ素材のDNAと水とタンパク質と脂質によって構成されたモビルスーツを身に着けています。

人間は水と有機物をエネルギー源として活動していますが、自動車もガソリンという水と有機物をエネルギー源として動いています。

すなわち、人間は脳によって電子制御された電化製品であり、水と有機物を燃料として活動している自動車でもあります。これが肉体の実態なのです。

いずれにしても、物質世界で移動することや活動するためには、水素エネルギーにしても電気エネルギーにしても、大きな摩擦と葛藤によって創り出された、物理的なエネルギーに依存しなくてはなりません。

宇宙パイロットが船外活動するために、宇宙服というモビルスーツを身に着けなければならず、地上の活動よりも圧倒的に不自由になります。

このことからも、宇宙は肉体を身に着けていくようなところではないことは、誰でも理解できます。宇宙環境の空間には、物質素材といえば宇宙のゴミやチリである、星や隕石やガス体などに存在するだけで、宇宙空間の大部分が物質素材の次元を超えた、霊質素材によって占められています。

人類は宇宙のゴミの探査とチリの調査のために、莫大な資金とエネルギーを投資して、水がどうしたとか、アミノ酸がこうしたとか、相変わらず地球中心の天動説的な思考で、宇宙開発という名目の好奇心と興味で、物理的な探索しかしていません。

肉体という物質素材のモビルスーツを身に着けている人類が、宇宙空間で相対可能な存在はゴミかチリしかありません。

宇宙空間は霊質素材のモビルスーツ

宇宙環境で生活するためには、霊性意識体が宇宙空間に適合した霊質素材のモビルスーツを身に着けなくては、活動はおろか移動もできません。

宇宙空間では霊性が高次元であればあるほど、霊性意識体が身に着けるモビルスーツも相対的に高性能に機能し、意識に対するレスポンス（応答）が衝撃的に再現され、ゼロ・バランスの次元で移動し活動するようになっています。

ゼロ・バランスを最も分かり易く解説しますと、今の終わりでもなく、今の初めでもなく、まさしく今の今の瞬間的な揺らぎをゼロ・バランスといいます。

故に、ゼロのバランスと揺らぎは、宇宙の根源的なメカニズムとシステムといえます。

霊性のフリプトン（愛霊素）の質的次元を高次元に上げていくと、意識のフリーク（自由霊素）の量的次元が無限に拡大して、高次元の霊性意識体となって、高性能のモビルスーツを身に着けることになります。

例えば、鉱物と植物と動物と地球霊物と宇宙霊物の決定的な違いは、愛霊素であるフリプトンの質的次元と、自由霊素であるフリークの量的次元が基礎付ける、霊性の次元と意識のスピードと自由度によって、喜霊素であるフリクトロンの大きさが異なり、それぞれの形態が決定しています。

霊質素材の発生の起源は、意識の葛藤と摩擦に於ける、エントロピー減少型のフリークとフリプトンとフリクトロンにあります。

物質素材の発生の起源は、意識の葛藤と摩擦に於ける、エントロピー増大型のクォークとレプトンとエレクトロンにあります。

二つの発生の起源が、全く真逆の方向性に向いていますから、性質や形態は真逆の様相を呈しています。宇宙空間と地球空間の決定的な違いは、空間を構成している素材が、霊質素材か物質素材かの違いです。

宇宙と地球の摩擦係数と葛藤係数の大きな違い

大気空間と宇宙空間の違いは、構成成分が物質素材か霊質素材かの違いはありますが、それに伴う顕著な違いが、**摩擦係数**と**葛藤係数**にあります。

大気空間は宇宙空間に比べると、摩擦係数も葛藤係数も、比較にならないほど莫大な係数の空間になっています。大気空間の摩擦係数は宇宙空間に比べると限りなく大きく、空気抵抗も大きいので、宇宙空間では燃えることのない隕石が、大気圏に突入した瞬間に燃え尽きてしまいます。

大気空間の移動や活動には、大気圏の重力場に抗して移動や活動をしなければならないので、莫大な物理的エネルギーを必要とし、長い時間を掛けなければ不可能です。

大気空間は重力場の圧力による重力摩擦と、空気の大気摩擦による抵抗が大きいので、意識の入力に対して結果に対する出力のレスポンスが極めて低く、ノイズだらけでほとんど再現性がないに等しいのが現状です。

意識がどんなに願っても、時間軸と重力場に支配され、さまざまな制約が大きな負担となり、結果は思い通りにはならないということになります。

意識がハワイに行きたいと思っても、肉体というモビルスーツが移動してくれなくては、ハワイにも行けません。ハワイに行くためには、それ相応の物理的エネルギーと長い時間を投資しなくては不可能です。

どんなに意識エネルギーを使っても、結果が出るまでに莫大なエネルギーと時間を必要とするのです。

霊性意識体は肉体の桎梏と地球環境の桎梏に支配されて、極めて不自由な生命体という形態を取らざるを得ません。

宇宙空間は科学的には摩擦係数が限りなくゼロに近く、哲学的には葛藤係数が極めて少ない状態を、恒常的かつ恒久的に創り出そうとしています。

宇宙空間は摩擦係数が限りなくゼロに近いので、物質素材によるレジスター（抵抗）は星や隕石やガス体などの物性体の周辺に存在するだけで、広大無辺な空間環境には抵抗がほとんどない状態を創り出しています。

抵抗だらけの物質世界に飼い慣らされた地球人は、摩擦のない世界を経験したことがないので、摩擦がないということの自由度に対する、偉大な意味と意義と価値が理解できません。

宇宙空間は摩擦と葛藤の係数がゼロに近い

私の霊的経験に基づくと、摩擦係数がゼロに等しい状態とは、レジスター（抵抗）とブロッケード（邪魔）がないので、限りなくゼロに近いエネルギーで移動も活動も可能になっているということです。

宇宙霊界の移動や活動は、極めて微弱な**意識**という**エネルギー**だけで可能となり、僅かなエネルギーだけで機能していて、物理的エネルギーは全く必要としません。

一瞬に移動や活動などを可能にし、意識の入力に対して無限意識場に現象化される出力には、再現性にノイズやズレがなく、完全に意識と等しく瞬時にシンクロ・レスポンス（同時応答）されています。

すなわち、宇宙空間は巨大な意識のスクリーンになっていて、個々の意識がプロジェクターの役割を果たし、意識のマトリックス（創り出す）に対してインパルス・レスポンス（衝撃的応答）でマトリックスされて現象化していくようになっています。

宇宙霊界での意識のマトリックスは、ゼロ時限で現象化されて、想念のままが無限意識場に表象されるようになっています。

宇宙霊界は摩擦係数が限りなくゼロに近いので光速を瞬時に超えますが、物質世界は、電子のレベルである超電導の世界でさえノイズだらけで、レスポンス関数の極めて低い次元となっています。

宇宙空間は真空状態よりも、さらに微細な霊質素材である、フリークとフリプトンとフリクトロンで構成されていますので、摩擦係数が限りなくゼロに近いため、地球の大気のような粗い物質は、重力係数の大きな違いによって、きめの細かい霊質素材の宇宙空間に放出していくことはありません。

宇宙空間は葛藤係数が限りなくゼロに近いので、不調和や無秩序なるもの、不条理なるもの、理不尽なるもの、不健康なるもの、不運命なるもの、不平等なるもの、などの不快な感情に陥る情動世界は一切ありません。

自由と愛と喜びを謳歌する個性芸術の世界を創造する無限意識場となっています。

もし、あなたの意識で、自由にどこにでも移動可能で、何でも創造可能なモビルスーツを手に入れることができるとしたら、何としても欲しいとは思いませんか？

5章のまとめ

◎人間も自動車も水と有機物をエネルギー源として活動しています。人間は脳によって電子制御された電化製品であり、水と有機物を燃料としている自動車と一緒なのです。

◎宇宙霊界での移動や活動は極めて微弱な意識というエネルギーだけで可能となり、物理的エネルギーは全く必要としません。

◎意識の中に摩擦と葛藤が生じることにより意識そのものが物質化します。意識が中和・中性・中庸に近づき安定化すると愛・自由・喜びの素材が増えて意識が霊質化します。

6章

依存と不自由の「地球意識場」から、自立と自由の「宇宙意識場」へ

——親子関係は愛の関係ではなく、恩讐の関係

地球意識場の中の地球物質界と地球霊界を検証する

地球生活は唯一、宇宙生活をするための準備期間です。しかし、宇宙生活をする準備が、地球星の唯一の存在の目的であり、人生の意味と意義を見出しながら、死後の世界の価値を創造するという、当たり前のことが理解できないとしたら、それ以前に、何か別の根本的な目的があるのではないかと思わざるを得ません。

私は幼少のころから、社会の不条理や理不尽さを、つぶさに感じてなりませんでした。この世の中を本当に良くする方法はないものかと、大学病院時代には死に直面する患者さんの心模様を通して、真剣に考えさせられたものでした。

その当時、私は生きながらにして、肉体という物質限界を超えて、宇宙意識場から地球意識場を垣間見て、地球意識場の範疇にある地球物質界と地球霊界の問題性と課題性を、つぶさに感得できたことに、今でも感謝しています。

木を見て森が分からず、というように、肉体を身に着けて宇宙空間から地球を眺めても、地球内で地球を検証しても、真の目的が何たるかが、分からないのではないかと思いました。

失うことのない**実相の霊性意識体**を覆い隠す、失ってなくなる**虚相の肉体**という嘘の鎧をまとって、可視光線の範囲でしか物事を見ていない虚相の目で、虚相の世界をどんなに見続けても、虚相からは虚相しか出てこないということになります。

自分と外とはあまりにも距離感と分離感があるため、エントロピーは増大化して、大きな揺らぎを生じてしまい、再現性にノイズやズレを生じるからです。

真実は、真性に基づく意識の実存の中にありますので、一人ひとりの霊層次元に基づく意識レベルでしか、真実は見えてこないことになります。

そこで、宇宙意識場から地球意識場を検証しなくては、地球物質界と地球霊界の問題性と課題性は、何一つとして解決することはできない、という結論に至りました。

なぜという素朴な疑問

私たちは、地球星で人生を送っていますが、誰でも一度は考えたことがある、極めて素朴な、**「なぜ」**という疑問には何一つ答えられていません。

なぜ、私はこんな広い宇宙があるのに、地球に住んでいるのかしら、なぜ、私はイギリスではなく日本に住んでいるのかしら、なぜ、私はアメリカ人でもなく、ヨーロッパ人でもなく、アフリカ人でもなく、日本人なのかしら。

なぜ、あんな良い家庭ではなく、こんな家庭に生まれてきたのかしら。なぜ、この人が私のお父さんで、あの人が私のお母さんなのかしら。なぜ、この人たちが兄弟なのかしら、なぜ、私は女性として生まれ、私は男性として生まれてきたのかしら。

などといった素朴な疑問には、歴史を通して、誰一人として何一つ答えてこなかったという事実です。

地球は依存と支配と不自由の原則に貫かれている

では、霊的体験に基づいて、私が極力、なぜという疑問に答えていきましょう。

私たちは肉体を身に着けているが故に、空気に依存しなければ、生きることができません。しかし、空気が作り出す大気圏によって、重力の場の中に封緘され、重力の圧力により不自由を強いられています。

酸素に依存して酸化現象により老いて、やがて病気になり死んでいきます。酸素に依存して酸素によって滅んでいく、何とも稀有な生命体です。

肉体というモビルスーツに依存しなければ、移動することも活動することもできません。そのモビルスーツである肉体のエネルギーを獲得するためには、食べなくてはいけません。食べるためには働かなくてはなりません。働くためには時間と労力を提供しなくてはなりません。すなわち、行き着くところは「労働支配という不自由」に方向付けられています。

個体種を保存するためには、生殖依存しなくてはなりません。生殖依存するためには、基本的には結婚をしなくてはなりません。すなわち、「結婚という契約の下で共依存共支配」によって、お互いが不自由に方向付けられています。

このように、地球のメカニズムとシステムは、**依存＝支配＝不自由**となりますから、**「依存と支配と不自由の原則」**によって、すべてが合法化され運行されていることになります。

このメカニズムとシステムは、牢獄の不自由のメカニズムとシステムそのものを基礎付けています。

宇宙から見た地球は、一言で言って、**「牢獄の惑星」**といっても過言ではありません。では、本来の牢獄の役割と責任は、どこにあるのでしょうか。

それは、一言で言うと、**「罪の償いと贖《あがな》い」**にあります。しかし、罪といっても宗教的な罪ではなく、個々の前世の霊格形成史に於ける、愛の恨みによる問題性と課題性に起因する恩讐として理解してください。

前世からの贖罪降臨

このことを大前提で話を進めていきましょう。

地球意識場における地球霊界と地球物質界の接点は、「霊主体従の法則」に基づいて、子どもの霊性意識体が、霊界で住む次元と場所を変えるために、霊層次元を上げることを決意して、自らの向上心による自由意思と自己決定で受胎降臨してきます。

霊主体従の法則に従って霊性進化するために母親の受精卵を選択し、お互いの問題性と課題性を、改善するために親子関係という密接な関係がスタートします。

この親子関係に於いて、基本的な罪の償いと贖いのメカニズムとシステムが、組み込まれています。

つまり、私たちの霊性意識体が霊界から罪を償い贖うために、地上界の受精卵を選択して受胎降臨してきたことになります。前世の罪を償い贖うために、霊性意識体が受胎降臨してくるメカニズムを、**「贖罪《しょくざい》降臨」**といいます。

大半の人は前世という概念を、過去世の地上界の何々時代に於いて作られた恩讐関係だと理解していると思います。ところが、そうではないのです。

では、前世と地上界のそれぞれの存在の目的と意味と役割について、もう少し詳しく言及してみましょう。

実は、前世の恩讐は、現世に贖罪降臨する前の霊界で作り出されたもので、霊界に於いても霊界生活があり、霊界は静止して留まっている訳ではありません。

霊界は霊層次元に於いて、地上界よりもアクティブに情動が行き交って、激しくアグレッシブに感情が交流していて、肉体を身に着けている地上界よりも、問題性と課題性の解決がスムーズに行われています。

ゼロの法則に基づいて、地上界に於いて、不快な感情で作った恩讐を解決するために、肉体という嘘の鎧を脱いだ霊界で、お互いが霊性意識体で向き合って、嘘も隠しごともなく赤裸々に情動交流して、お互いの問題性と課題性を瞬時に解決していきます。

肉体という囚人服を身に着けて、地上界で作ったさまざまな恩讐による問題性と課題性を、霊界で肉体を脱いだ霊性意識体が瞬時に解決していくわけです。

前世は現世の前の霊界生活で恩讐関係を作り上げたところです。新たな問題性と課題性を霊界で作り、霊主体従の法則に従って、それらを解決するため、ひいては霊層次元を上げるために、地上界に贖罪降臨してくるのです。

真の前世とは現世に降臨してくる前の霊界生活のことであり、地上生活で作った恩讐は、霊界生活で**霊性浄化**され、贖罪降臨して新たな恩讐を地上生活で作り、その恩讐を霊界に行って**煩悩洗浄**するようになっています。

すなわち、地上生活に於いて、不快な感情によってエントロピーが増大化した霊性意識体を、霊界生活で霊性意識体の霊性浄化と煩悩洗浄をして、エントロピーを減少化して、新たな恩讐関係の問題性と課題性を作って、霊性進化するために贖罪降臨してきます。

この理由から一生涯に於いて不特定多数の人と関わることはできず、ごく限られた人としか関わらないようになっています。

このように霊界生活というエントロピーを減少化するメカニズムとシステムがなければ、同じことを繰り返すこととなり、進化というプロセスを進むことができなくなってしまいます。

霊性意識体は進化するために、地上でエントロピーを増大化して、霊界でエントロピーを減少化する、地球意識場のメカニズムとシステムによって、地上と霊界を行ったり来たりする連続性の中で霊性進化してきました。

霊主体従の法則に基づいて、霊界から地上界に贖罪降臨してきた訳ですから、地上生活の前世は、霊界生活になります。

宗教でよく言われる、過去の地上界に於ける関係性で輪廻してくるとか、何々時代の誰々の生まれ変わりだとか、または、先祖供養などといって、前世霊界での新たな関わりで作り出した、問題性や課題性を無視した、肉体の親子関係や血統の因果律や因果応報による因縁論は、肉体の遺伝子の問題性と課題性であって、宇宙の法則には全く関係ありません。

先祖との因果応報による因果律は、現世の人間の無知が宗教的に作り出した嘘ということになります。先祖の関わりは、両親を含めて、肉体のDNAの繋がりだけで、霊性意識体とは全く関係のないことです。事実、霊性意識体は自由なモノであって、民族を超え、国を超えて、世界中のどこにでも贖罪降臨しています。

霊界の存在目的は、地上の牢獄生活での葛藤と摩擦によって作り出された不快な感情を浄化し、霊性意識体に浸《し》み込んだ煩悩を洗浄することと、上位の霊層域に次元上昇するために、新たな問題性と課題性を見出して、再び地上界に贖罪降臨するための準備をするためです。

なぜ、前世の記憶は消されて、現世に生まれてくるのかといいますと、ゼロの法則に基づいて、霊性意識体の記憶は、今というゼロ時限に於いて、新たな記憶にデジタル変換されて、瞬時に書き換えられているからです。

自由法則を保障するために、霊性意識体の記憶は、ゼロの法則に基づいて、エントロピー減少型に方向付けられていて、ゼロ・バランスで常に新しい記憶へと瞬間、瞬間に上書き保存されているからです。

肉体の記憶はアナログ的に海馬という脳細胞の電子回路に集積して、脳細胞の破壊とともに時間を掛けて消えていきます。

私が体験した四時間ほどで数千年の旅をしたような霊的感覚は、現世に覚醒する時に、泡沫《うたかた》の夢のように一瞬にして、すべての記憶が消え去っていったように感じました。

変性意識の中に僅かに残された霊的感性を頼りに、宇宙のメカニズムとシステムを解明することは、至難の業ではなかったように感じております。

霊的に経験した真実（真性に基づく意識の実存）は、私の霊性意識体に必ず存在しているとの確信に基づいて、霊的な訓練と経験を宇宙論的に積み上げていくことにより、現世で記憶の回路の糸を紡ぎながら、理論的に組み立てることによって、宇宙の法則と原則を検証し解明するしか方法がありませんでした。

贖罪降臨と相対変換の法則

このようにゼロの法則は、全宇宙に方向付けられていて、地上界でも霊界でも恒常的かつ恒久的に、このメカニズムとシステムが機能できるように働き掛けています。

霊界の位置は子宮生活と地球生活によって準備され、往くべき霊層次元が決定するというシステムになっています。

両親の性交渉によって問題性と課題性が内包した受精卵に、贖罪降臨に基づいて、相対的に一致した子どもの霊性意識体が、相対性原力の法則に従って受胎降臨してきます。

この時、両親の問題性と課題性に相対的に一致した子どもの霊性意識体が、二体の場合は一卵性双生児となり、四体の場合は一卵性四生児となり、六体の場合は一卵性六生児となります。

霊主体従の法則に基づいて、一卵性受精卵であっても贖罪降臨した霊性意識体の数で子どもの数が決まります。

子どもの霊性意識体が原因で、両親の受精卵が結果として選ばれたことになり、贖罪降臨の法則に基づくと、霊界生活に於いて、加害者である子どもが罪を償い贖うために、被害者である両親を選択したことになります。

地球星は牢獄星ですから、被害者の両親が加害者の子どもの霊性意識体に、肉体という不自由な囚人服を身に着けさせる必然性があるからです。

女性と男性の性分化と性分別は、母親との問題性と課題性が一致した場合は、女性としての性を選択し、父親との問題性と課題性が一致した場合は、男性としての性を選択して贖罪降臨してきます。

陰と陰、陽と陽は同性で反発や反駁《はんばく》し、陰と陽は異性で引き合うのが、宇宙の基本的な法則ですから、反発や反駁によって問題性や課題性が、生き写しのように顕著に現象化し、分り易いようになるからです。

同性が故に、我が身を見るがごとく、写し鏡のように相対化して、心癖が相似的に体現化しているからです。

母親は娘には厳しく、息子には優しい、父親は娘には優しく、息子には厳しいのが世の常です。贖罪降臨の法則に基づくと、母親は両方の性を受胎しますので、基本的に、男の子は母親に対しても贖罪していかなければなりません。

贖罪降臨の法則に基づいて、加害者だった子どもが、現世では被害者になり、被害者だった両親が、現世では加害者になるといった、加害者と被害者が前世と現世で入れ替わる現象を、**「相対変換の法則」**といいます。

歴史を通して今も尚、世界中どこを見渡しても、親たちの犠牲になっているのは子どもたちです。

親子関係は愛の関係ではなく恩讐の関係

一般的な概念では、親子関係は愛の関係だと思われていますが、それは大きな勘違いであり、根本的に無知が故の間違いです。

親子関係は、愛の関係ではなく、恩讐の関係で繋がっている、という根本的な理解がなされないが故に、ありとあらゆる問題が、次から次へと提起され複雑化して、なぜという素朴な疑問すら解けずに今日に至っています。

愛の関係で繋がっているとしたら、このような不調和と無秩序なエントロピー増大型世界にはなっているはずがありません。

宇宙は**ゼロの法則**に基づいて、遠い前世での被害者と加害者の恩讐関係である、恨み辛みの問題性と課題性を減少するために、時間と恩讐の距離を、ゼロの揺らぎに近づけるために、現世で親と子という密接な関係性を創り出すように仕組まれています。

先ほども言及しましたように、霊界での霊層次元と場所は、子宮生活と地球生活によって準備されますから、現世に於いて、最も近しい親子関係によって仕組まれています。

恩讐は近くにあって、遠くにあらず、愛すべきものも近くにあって、遠くにあらず。というエントロピーの相対化によって、愛と恩讐は常に身近に対峙しています。

加害者である子どもの霊性意識体が贖罪降臨して、両親に罪を償い贖うために、親孝行をしなければなりません。

戦争体験者も語っていたように、死を直前に控えた時に、まず、最初に思ったことが、親孝行をしてきただろうかと思ったのは、この理由からです。

しかし、前世で加害者だった恩讐の子どもを、被害者である両親が、親として無条件で全面的に愛することによって、親自身に内包する被害者意識の恩讐が解放できるのです。

すなわち、**「恩讐を愛することによって、自らの恩讐が解放される」**というメカニズムとシステムを理解していないから、現世で相対変換の法則に基づいて、被害者だったはずの親が加害者となり、加害者だった子どもが被害者になってしまうという、悲哀と恩讐の連鎖を止めることができずに、今日まで悲しくも不幸な歴史を連綿と踏襲してきました。

現世の今というゼロ時限に於いて、直接的に関わることで、時間軸の壁と距離の壁を取り払って、恩讐の壁を払拭して霊性進化するメカニズムとシステムが、宇宙の法則によって無条件で仕組まれています。

宇宙はゼロの法則に基づいて、大きな揺らぎ（恩讐）を小さくして、限りなくゼロ・バランスの僅かな揺らぎに近づけていくことで、調和と秩序を形成しようと、常に見えざる働き掛けをしています。

マタニティーブルーや妊娠うつに対する弁証法

この事実を弁証法で検証し証明しましょう。

私のところにカウンセリングに来られる、若いお母さん方の悩みを検証することでよく理解できます。ほとんどのお母さんたちが同じ悩みを抱えていますので、理解しやすいと思います。

妊娠期によく言われることは、「妊娠したことは嬉しいのですが、理由もなく何とも言えない不安感と、同時に嫌悪感が湧いて来るのです。この無意識に湧き上がる不安感と嫌悪感は、一体どこから来るものなのですか？」と言われます。

無意識に勝手に湧いてくる意識を、潜在的無意識と言って、前世の霊格形成史に大きく由来していて、魂の経験による記憶から想起されるものです。

人間関係に於いても、実害がなくても勝手に嫌悪を感じる人と、ほとんど関わりがないのに好感を持てる人がいるのと同じことです。

世間を見渡したらたくさんの人が生活していますが、一生の間に関係性をもつ人は、ごく限られた人たちだけです。たくさんの道行く人たちとすれ違っても、意識には全く入ってきません。

それは、前世での関わりの原因性で、現世に於いて結果的に出会いがありますので、結果的に関わる人と、全く関わらない人が出てきます。

もし、この贖罪降臨という法則がなければ、すぐに誰ともランダムに関わることが容易にできるはずです。出会いに偶然はなく、すべてが必然で出会って、霊性進化に方向付けられているからです。

故に、**「必然は必善なり」**ということになります。

親と子という関係性は、ピンポイントに現象化する、特別の中の特別な関係です。

贖罪降臨によって恩讐の子どもを、胎内に宿す訳ですから、スピリチュアル・エモーション（霊的情動）としては、内心落ち着かなくなるのは当然のことです。

顕著な現象として、肉体的には、悪阻《つわり》や過食、拒食、喫煙、飲酒などの自傷行為で、霊的には妊娠うつ、マタニティーブルー、イライラ感、自己嫌悪、自己否定などがあります。

出産後は、無事に出産できたにもかかわらず、子どもに情がいかなくて、育児拒否や発作的に起きる虐待行為、マタニティーブルー、子どもを素直に愛せない悩みから、強度のうつ病、自殺にまで及ぶ自傷的かつ自壊的な行為の数々です。

児童虐待が世界的に年々、悪質化し増加傾向にあるのも悲しい事実です。

これらの症状は、恩讐の度合いで強弱が決定しますが、基本的には、どの母親にも多かれ少なかれ、無条件で子どもへの恩讐意識は存在しています。

以前、「私には子どもに対する恩讐なんて一切、ありませんことよ」と言ってのけた母親の傍らにいた子どもが、「私はお母さんを殺したい、と思ったことが何度もあったのよ。私はお母さ

ん の奴隷じゃない」と言って泣き出しました。

歴史を通して、人類は霊主体従の法則に従って、親子の関係に基づいて、恩讐の解放を行いながら、霊性進化を遂げてきました。

先ほども申し上げたように、恩讐を愛することによって、自らの恩讐が解放されますから、被害者の親が必然的に子どもを、まず、愛さなければならない役割と責任を負って、加害者である子どもを愛することで、恩讐を解放しながら共に霊性次元を上げて、十分に愛を投資された子どもが、必然的に親孝行な子どもとなって、親以上に立派に成長した時に、親の喜びと共に恨みが解放され、同時に子どもの恨みも解放されるメカニズムとシステムになっています。

親子関係は、霊体と肉体・本心と邪心の関係

宇宙生活をする準備を登山としたら、親子という恩讐の谷を埋めない限り、宇宙生活をするための準備という山の存在すら理解できないということになります。

親と子の恩讐の谷が深ければ深いほど、恩讐の闇も深く険しい絶壁に阻まれて、摩擦と葛藤の中を彷徨いながら手探りで、人生を生きていくしかない状況に置かれてしまいます。

地球という牢獄星で最初にやらなければいけないことは、罪の償いと贖いという愛の恩讐の谷埋めであり、これが牢獄星のプライオリティー（最優先）であり、谷を抜け出さない限り、宇宙生活の準備という山の存在は理解できません。

すなわち、恨みの谷を埋めずして、愛の山は築けないからです。

山の存在を理解することができたら、必然的に山の頂上という、目的に向かって登っていくことができます。

個人の次元に於ける、最大の揺らぎによる葛藤と摩擦は、霊体と肉体の揺らぎにあります。

自分の霊体の愛が方向付ける意思を**「本心」**といい、両親から与えられた、肉体の欲望が方向付ける意思を**「邪心」**といいます。

すなわち、霊体と肉体の関係は、親と子の関係であり、本心と邪心そのものですから、親子関係の葛藤と摩擦の大きさで、霊体と肉体の恩讐による分離感と距離感が生じます。

そのことにより、本心と邪心の揺らぎの大きさが決まり、愛の質的次元と恩讐の質的次元が決定されます。

ゼロの法則によって、親と子の恩讐関係を、霊体と肉体の恩讐関係まで圧縮し、更に、自らに内包する本心と邪心の恩讐関係までに圧縮して、アルファとオメガは、原因と結果に於いて、自分自身に一致するまで、分離感と距離感の恩讐関係をゼロに近づけることで、自己責任原則を担保させるように方向付けています。

子の宮である子宮の中では、母親の想いひとつで子どもはいかようにでも育て上げることができます。

しかし、地上に生まれ出た瞬間から、母子分離して独立した個性ある生命体ですので、想い通りに育てることは極めて困難なことです。

子宮生活は胎児が母子一体で、ヘソの緒一つで繋がって、全く違った生命体が心身一如で共存している摩訶不思議な期間と場所です。

母性の愛の心情の世界と、掛け替えのない尊い胎児との、霊体と肉体が生命を共有することで、愛を共感し合って、理想的な人格形成と、強健な肉体形成をなしていく重要な期間と場所です。

地上に生まれた後は、人格形成史に於いて、親子関係の恩讐を解放すべきなのに、それ以上の恩讐を上塗りして、親＋子＝嫌悪、親＋子＝否定、親＋子＝逃避、親＋子＝不信、親＋子＝破壊、親＋子＝破滅のように、エントロピーを増大化させていくと、エントロピーは相対化して、個人から社会に向かって不調和と無秩序が限りなく増大され、人格破壊から家庭破滅を招く結果となります。

親と子の恩讐の増幅が、ブーメランとなって、自分自身に特化され、自己嫌悪、自己否定、自己逃避、自己不信、自己破壊、自己破滅へと霊性退化し、自らを嫌うが故に他を嫌い、自らを否定するが故に他を否定し、自ら逃避するが故に他を避け、自らを不信するが故に他を不信し、自らを破壊するが故に他を破壊し、自らを破滅するが故に他を破滅させる、という方程式に従うようになり、最終的に自己破滅していきます。

リストカットや拒食症、過食症、自殺などの自傷行為や自壊行為は、親に対する恩讐が、親が着せた肉体を傷つける復讐行為として現象化しているものです。

健康と病気のメカニズムは、ゼロの法則に基づいて、霊体と肉体の揺らぎが小さいか、大きいかによって現象化していきます。

正常細胞と癌細胞の決定的な違いは、それぞれの細胞が持っている霊性である「性質」に大きな違いがあります。

正常細胞の霊性は、細胞の肉性との揺らぎが少なく、常に意識が共存、共栄、共生に方向付けられて、調和と秩序を形成しようとする性質と意思を持っています。

しかし、癌細胞の霊性は、細胞の肉性との揺らぎが大きく、意識が葛藤と摩擦によって遺伝子破壊を誘発し、細胞変異によって癌化していきます。

癌細胞は他の細胞なんかどうでもよい、自分さえ生み増えれば良いといった具合に、四方八方に新生血管を張り巡らし、血液から糖質を奪い取り、不調和と無秩序を無限に拡大しながら増殖していく、「強欲で自己中心型の性質」を持っています。

その結果、生命全体の調和と秩序を破壊し、生命体そのものの活力を奪い去り、最終的には生命全体を死に至らしめ、自らが生命と共に自滅していく、「自傷的かつ自壊的な性質」を持った自滅型の細胞です。

これが「癌細胞の真の毒性」であり、決して物理的に毒性がある訳ではなく、細胞の性質そのものに毒性があり、これが正常細胞と癌細胞の決定的な違いです。

故に、「気の病と称して病気」や「病は気から」と言うのも頷《うなず》ける話ではあります。

人間社会に於いても、国に於いても、癌細胞のような人はいますし、宗教団体や思想組織も、自分たちは善なる行動をしていると思い込み、独善的なエゴイズムとナルシシズムという病気に侵されて、悪を増殖しながら社会悪として存在しています。

しかし、一人ひとりの霊性に基づく意識は、「アルファとオメガは原因と結果に於いて、自分の霊性意識体のみに一致している」、という宇宙の法則に基礎付けられていますから、最終的にはすべて自己責任を負わなくてはいけなくなります。

親子関係は縦の経綸

ゼロの法則に基づいて、親と子の関係は、本心と邪心の関係ですから、親＋子＝慈愛、親＋子＝肯定、親＋子＝受容、親＋子＝確信、親＋子＝創造、親＋子＝発展といったように、エントロピーを減少化させていくと、エントロピーは相対化して、社会や世界に向かって調和と秩序が限りなく拡大して、文化と文明が大きな発展を遂げていくようになります。

親と子の恩讐の解放が、自己慈愛、自己肯定、自己受容、自己確信、自己創造、自己発展へと霊性進化させ、自らを慈しみ愛するが故に他を愛し、自らを肯定するが故に他を肯定し、自らを受容するが故に他を受容し、自らを信じるが故に他を信じ、自らを創造するが故に他を創造し、自らを発展させるが故に他を発展させる、という方程式に従うようになります。

この親子関係を**縦の経綸**といって、霊性進化には重要なメカニズムです。

宇宙の法則は、ゼロの揺らぎ理論に基づいて、今の持続可能性を示唆していますので、前世の恩讐関係を、霊主体従の法則に従って、縦の経綸でつないで、時間軸と恩讐の距離を親子関係に於いて、現世の今にまで圧縮しています。

最終的には自らの霊体と親から与えられた肉体という、本心と邪心の関係にまで圧縮し、心身一如で自己責任原則を担保せざるを得ない状態を創り出しています。アルファとオメガは原因と結果に於いて自らに一致しているからです。

6章のまとめ

◎宇宙から見た地球は「牢獄の惑星」です。その役割は罪を償うことであり、罪とは、個々の前世において、愛の恨みによる恩讐にその問題と課題があります。

◎前世で加害者だった子どもが現世では被害者になり、被害者だった両親は現世では加害者の立場になり、必然の出会いによって霊性進化へと方向付けられています。

◎親と子の恩讐の解放が、自己慈愛・自己肯定・自己受容・自己確信・自己創造へと霊性進化させ、自らを愛し肯定するが故に他を愛し肯定することができるようになります。

7章

「エロス」の結婚から、「ロゴス」の結婚へ

——愛を完結するには「愛のペアーシステム」を

憾の思想と恨の思想

このように地上の牢獄に降り立つ目的の一義は、恩讐関係を解放して、霊性進化するためであり、すべての関わりや現象に対して、感謝の意識へと方向付けることが重要なことです。

感謝とは、**「謝りを感じる」**と書きます。まさしく、謝りを感じながら、償いと贖いの意識で、謙虚に謙遜に生きることが、感謝な生き方となります。

牢獄星の存在目的と存在意義は、自己反省と悔い改め以外の何ものでもなく、常に、親であれ子どもであれ、お互いが加害者だという意識で、真摯《しんし》に向き合って生きるべきです。

感謝と同じように、「ありがとう」も同じ意味で、本来の有り難うとは、**「難が到来し有って、有り難う」**という意味で、自分にとって受け入れがたい難問や難題が起きた時にこそ、問題と課題に真摯に向き合って、謙虚に自己反省と悔い改めの意識に方向付けて、有り難うと言って、無条件で受容する自助努力をすることです。

最近、よく聞くところによると、自分の欲得のために「ありがとう」を多く唱えたら、良いことが起きるなどといった、極めて稚拙で稚劣な無責任の流布によって、多くの人たちが惑わされ、悲しい不幸な状況を招いているとのことです。

実は、欲得で「ありがとう」と唱えることは、難よ、来てください、難よ、来てください、と唱えることになります。言霊は現象化しますので、意味をよく理解して使うことが大切です。

エントロピー相対性の法則に基づいて、**「ネガ・ポジの法則」**という、重要な法則が存在していて、ネガティブな現象が起きている時は、必然的に、真逆のポジティブな現象も同時に起きています。

しかし、私たちはネガティブな感情に意識が奪われて、ネガティブな現象に終始し、問題が解決した時には、すでにポジティブな現象も同時に消滅しています。

折角、ネガティブな現象が起きたのですから、チャンス到来と思って、速やかに意識を真逆に転換して、ポジティブな現象は、何なのかを検証して、探し出すことが肝要かと思います。

「ピンチはチャンス」とか「苦あれば楽あり」、と言われる所以は、「ネガ・ポジの法則」にあるのではないでしょうか。

当然、ポジティブな現象が起きている時は、必然的に真逆のネガティブな現象が起きています。

また、「引き寄せの法則」というものがありますが、良いことばかりが引き寄せられるのではなく、必然的に、悪いことも同時に引き寄せられていることを、理解しておく必要があります。

よく言われている現象として、新しく家を建て替えたら、不幸なことが立て続けに起きるような現象などです。

かつて一億円を拾ったタクシードライバーの人生が、その後、あまりにも悲惨な末路を辿《たど》ったという有名な話があります。

このような事例はたくさん存在しています。

善い現象が起きた時の、悪い現象に対する対処法は、ゼロの法則に基づいて、回避することができます。

例えば、100の喜びが現象化したならば、意識を49の喜びに圧縮して、51の謙虚と謙遜で受け止めて、感情を中庸に方向付けることによって、ネガティブな現象は自然に回避できます。

自分にとって都合の悪いことが起きると、あの人が悪い、この人が悪い、その人が悪いといって、保身と責任転嫁による、不快な感情に陥るのではなく、牢獄星の囚人としての役割と責任を理解して、常に、加害者意識と自己責任原則によって、自己反省と悔い改めという、懺悔《ざんげ》の意識で謙虚と謙遜で生きる生き方に努めることが、重要なコンセプトとポリシーとアイデンティティーだと思います。

このような生き方を、**「憾《かん》の思想」**といい、真逆な生き方を、**「恨《こん》の思想」**といいます。

恨の思想も憾の思想も両方とも、「ウラミの思想」と読みますが、性質的な意味合いは、全く真逆に方向付けられた、「ウラミ」になっていて、心の根のウラミを恨の思想といい、心を感じるウラミを憾の思想といいます。

恨の思想は体主霊従の法則に基づく、本能的残存意識の心根から派生し、肉体の欲望に支配された邪心による不快な感情に従って、被害者意識と責任転嫁に方向付けられた**恨み**です。

恨の思想は、常に外に意識を向けて、被害者意識と責任転嫁で、あの人が悪い、この人が悪い、その人が悪い、あの国が侵略した過去の歴史が悪い、恩讐の国が発展したことが妬ましい、といった具合に意識を他者責任原則に方向付けていきます。

生き方の基本的な姿勢は、自分と自分以外のモノとの間に、**自他分離境界線**を引いて、自己統合性を確立することによって、他者評価に対して一切、ネガティブな感情移出も感情移入もしないように心掛けることです。

アルファとオメガは原因と結果に於いて自らに一致していますから、快喜な感情も不快な感情も、必ず、ブーメランとなって自分自身に返ってきます。

貴方が地球上でたった一人の人間だとしたら、自然環境に対して雨だから、暑いから、寒いからといって、不平や不満などの不快な感情に陥るでしょうか。

不平や不満を吐露する相手がいなければ、すべての環境を無条件で受け入れて生きていくしかありません。

たった一人の存在でしたら、幸福や不幸、美人や不美人、優れている、劣っている、善や悪などの評価に基づく、感情を派生すること自体が、無意味で無意義なものになります。

一般的な人たちは、常に他者評価獲得競争をしている訳ですから、人の目や人の評価に囚われて、何らかの統合性を欠いた、人格に陥っていることになります。

自己統合性を確立するということは、自分自身の内なる意識に矢印を向けて、本心と邪心に分離境界線を引き、内的分別をすることにより本心に方向付けて、自己決定による自己管理と自己責任による自己完結をすることに自助努力を払うことです。

霊性意識体のみが自分自身であり、肉体は母親と父親から与えられたものですから、真の自他分離境界線は、霊体と肉体である本心と邪心の間に、引くべき境界線です。

憾の思想は霊主体従の法則に基づく、真性の根から派生した、自らの罪深さや心の貧しさをウラミ、贖罪と懺悔の意識で、何事に対しても謙虚と謙遜で、感謝と喜びで受容する、加害者意識と自己責任原則に方向付けられた**憾み**《うら》です。

憾とは立心偏《りっしんべん》に感じると書きます。このウラミは外に向かってのウラミではなく、自分自身に対する自己反省と悔い改めによるウラミで、自分自身の心の卑しさ、心の貧しさ、心の醜さに対して、謝りを感じながら生きる生き方です。

差別や格差を創り出す元凶

私は幼少期から、自分の家族や社会の不条理や理不尽さを垣間見て、この問題を解決する方法はないものかと真剣に考えてきました。

地球意識場はエントロピー増大型に方向付けていくメカニズムとシステムに貫かれていて、真逆に、宇宙意識場はエントロピー減少型のメカニズムとシステムに貫かれています。

地球意識場のメカニズムとシステムが、エントロピー増大型に組み込まれていますから、個人においても、家族においても、社会においても、国においても、世界においても、大きな揺らぎによる摩擦と葛藤の中に、不調和と無秩序を拡大し続けています。

地球人類は、学歴格差、経済格差、地域格差、人種差別、宗教差別、男女差別など、格差や差別という大きな揺らぎによる、摩擦と葛藤のエントロピー増大型の社会の実現を目指しています。

歴史を通して競争原理を強化し、学歴至上主義や経済至上主義、成果主義といった、熾烈《しれつ》な奪い合いの闘争世界を築いてきました。

世界にはさまざまな格差や差別が存在しますが、格差や差別を創り出す元凶が必ずあるはずだという思いで、その諸悪の根源は何かを精査してみました。

個人における諸悪の根源は、縦の経綸に基づく親子関係であり、親子関係によって霊体と肉体の恩讐関係を創り出し、最終的に本心と邪心の問題性と課題性に特化されています。

夫婦の関係は横の経綸

個人の次に、最も小さいコミュニティーは、夫婦関係（男女関係）であり、この関係を**横の経綸**といいます。

縦の経綸を第二の恩讐関係といい、**横の経綸を実は第一の恩讐関係**といいます。すなわち、歴史に連綿と横たわる格差の中の格差、差別の中の差別は、女性格差であり女性差別ということになります。差別や格差の底辺に存在しているのは女性です。

なぜ、夫婦の関係（女性と男性）が重要かといいますと、夫婦の存在なくして子どもは生まれてきません。

ゼロの法則に基づいて、プラスとマイナス、陰と陽、メシベとオシベ、メスとオス、女性と男性などといった、相反する夫婦の関係が、最初のコミュニティーを形成する原点になるからです。

人類の歴史における最大の揺らぎは、女性と男性の陰と陽の揺らぎです。

陰を代表した女性と陽を代表した男性の、大きな分離感と距離感によって生じた、葛藤と摩擦の壁を壊して、距離を縮めてきた歴史が進化そのものです。

男性と女性の存在目的と存在価値の方向性は、真逆の論理性に方向付けられていて、男性は、**「力と支配と闘争と破壊」**の論理性を意識の中に内包していて、女性は、**「愛と統合と融和と創造」**の論理性を意識の中に内包しています。

なぜ、このような論理性が内包しているかといいますと、親と子の恩讐に於ける相対変換の法則と同じように、前世被害者だった男性が現世加害者になり、前世加害者の女性が現世被害者に成らなければならない必然性があるからです。

ここで一つ興味深い話をしましょう。女性と男性のロジックの違いによって、女性の主治医と男性の主治医とでは、患者さんの寿命が大きく違うというデータが、アメリカから世界的に発表されました。

当然、女性の主治医の方が、愛と創造のロジックによって寿命が長くなります。

この法則と原則によって、歴史を通して常に、子どもが大人の犠牲になり、女性が男性の犠牲となり、いつの時代も犠牲になるのは、子どもたちと女性たちだったという歴史の事実が、今も尚、世界的に証明しています。

故に、進化の原動力は、霊層次元が高く犠牲者になりうる、子どもと女性に託されています。

これからの話を進める前に、一つの重要な法則と原則を紹介します。

陰陽の法則に基づく、女性と男性に於ける、**『性の揺らぎの偏差』**について、詳しく検証し証明しておきましょう。

女性の中にも男性の性稟が内包していて、男性の中にも女性の性稟が内包しています。

それが証拠に、肉体でさえ女性を主体として、ロール・モデルになっていますので、必要のない乳首が男性にもあります。

ゼロの法則に基づいて、性の揺らぎの偏差が少なければ少ないほど、人格的なバランスが中性的かつ中庸的な性質と性格になり、極めてバランス感覚の良い人格者となります。

例えば、女性に内包している性稟が100あるとしたならば、女性の性稟が51あって、男性の性稟が49あるとしたら、陰陽のバランスとしては、極めて良い女性の性稟にあるといえます。

このような女性は、女性の気持ちもよく理解できますし、同時に男性の気持ちもよく理解することができます。当然、男性にも同じことが言えます。

真逆に、男性に内包している性稟が、男性の性稟が80あって、女性の性稟が20しかなかったら、陰陽のバランスとしては、極めて男性に偏ったバランスが悪い、大きな性の揺らぎの偏差傾向にあるといえます。

このような男性は、力と支配と闘争と破壊のロジックを、性稟として多く内包していますので、極めて支配的であり、闘争心に溢れていて、権力志向が強く、女性に対して女性蔑視や女性差別という傾向を顕著に顕現します。

では、性の揺らぎの偏差は、いかにして創り出されてきたのでしょうか。

それは、過去世の霊格形成史に由来していて、女性と男性を経験した頻度によって決まっています。

例えば、男性の論理性（力と支配と闘争と破壊）に於ける問題性と課題性が、性稟として多く内包している人は、その問題性と課題性が解決できないまま、男性と女性の相対変換の法則に反して、何度も男性として輪廻を繰り返すことにより、男性の性稟を重複させて、霊性に恩讐を集積してきたことによって、男性傾向が強く現象化するようになります。

男性のロジックに偏差傾向が強い人は、女性も含めて競争原理を好む傾向にあって、常に、優劣を競い合い、優越感と劣等感の大きな揺らぎの狭間にあって、激しい情動による葛藤と摩擦を霊性意識体に抱えています。

このような人は情緒が安定せず、絶えず、妬みや嫉妬、差別意識、疎外意識などの感情を、あらわにする傾向があります。

性の揺らぎの偏差が大きくなると、性のバランスが崩れることにより、霊体と肉体に於ける陰（女性）と陽（男性）が、性の整合性を失ってしまう現象が稀に起きてしまいます。

女性っぽい男性と男性っぽい女性は、性の揺らぎの偏差が、かなり強く現象化していて、性の偏差が霊体と肉体に於いても、大きく揺らいでいて、陰陽のミスマッチングした、特異的なものになります。

人類の進化の歴史は、一人ひとりの性稟として内包する、性の揺らぎの偏差を改善するために、ゼロの法則に基づいて、女性と男性が大きな性の揺らぎから、小さな性の揺らぎへと、歴史を通して徐々に改善しながら、女性と男性が分離感と距離感をなくすために、熾烈な葛藤と試練を乗り越えながら、進化の歴史を共に歩んできたといっても過言ではありません。

すなわち、ゼロの法則に基づいて、親子関係が霊体と肉体に於ける、本心と邪心の揺らぎを解消し、夫婦関係が女性と男性に於ける、陰と陽の性の揺らぎを解消して、共に向上心によって霊性進化を方向付けて、霊層次元を上げてきた歴史といっても過言ではありません。

性の揺らぎの偏差によって、女性と男性がお互いに理解し合えないことが、愛し合えない諸悪の根源となって、さまざまな問題を提起し複雑化させている元凶にもなっています。

天国と夫国は真逆のロジック

このことを大前提で、以下の原則に従って、話を進めていきましょう。

次元支配の原則は、低次元のものが高次元のものを支配し、高次元のものが低次元のものによって拘束され、絶えず不調和と無秩序を増大しようと働き掛け、依存と支配と不自由の原則へと方向付けています。

例えば、体主霊従の法則に基づいて、肉体が霊体を支配して、霊体が肉体に拘束され、絶えず不調和と無秩序を増大しようと働き掛け、依存と支配と不自由の原則へと方向付けています。

次元統合の原則は、高次元のものが低次元のものを統合して、低次元のものが高次元のものに包括され、絶えず調和と秩序を拡大しようと働き掛け、自立と解放と自由の原則へと方向付けています。

例えば、霊主体従の法則に基づいて、霊体が肉体を統合して、肉体が霊体に包括され、絶えず調和と秩序を拡大しようと働き掛け、自立と解放と自由の原則へと方向付けています。

相対変換の法則に基づいて、前世被害者が現世加害者になり、前世加害者が現世被害者に必然的になりますから、女性の愛と統合と融和と創造のロジックによって、男性の力と支配と闘争と破壊のロジックを凌駕して、霊性進化に方向付ける役割と責任が女性に付与されています。

ですから、女性にのみ、子宮内に子どもを身ごもり、育み、産み育てる権能を付与されています。

この真逆のロジックを、ゼロの法則に基づいて、夫婦が地球を卒業する共通の目的のために、ゼロの揺らぎ理論に従って、大きな揺らぎの恩讐から、小さな揺らぎの愛情へと、エントロピーを減少化して、愛の質的次元を上げて、自由の量的次元を広げていくように、お互いの自助努力が求められています。

相対変換の法則に基づいて、前世被害者だった両親が、前世加害者だった子どもに対して、最初に愛の投資をしなければならない、親と子というメカニズムとシステムが必然的に仕組まれています。

前世被害者だった男性が、前世加害者だった女性に対して、最初は愛を投資していくように仕組まれています。

ですから、自然界のオスも人間界の男性も、求愛活動や求愛行動は、オスと男性からメスと女性に向けて行われます。

しかし、人類歴史は男性の未分化な性的欲望意識による男性型支配構造を合法化して、多くの女性を力と支配の下に統治し、ピラミッド型組織と社会構造を歴史の中に連綿と構築してきました。

天国という字は、二人の国と書きますが、もう一つの二人の国は、天という字を突き抜ける、夫という字になります。夫は天を突き抜けるほど、偉い人になり、やがて傲慢になって、男性型支配構造の**「夫国」**を連綿と、家庭や社会の中に歴史を通して築いてきました。

男性は夫婦の関係に於いて女性に対して、次元支配の原則に従って、二人の国である天国の実現ではなく、夫国の支配の実現のために横の経綸を力で支配して、多大な悲哀と恩讐を連綿と歴史の中に合法的に築いてきたことが、**「諸悪の原因」**になっています。

地球星は男性が女性を合法的に支配するために、都合のよい理論の枠組みと価値観を創り上げてきました。

その典型で最たるものが、「一夫多妻制」という制度を合法化し、女性の自由と権利を封殺してきた宗教論理です。

それが、世界の混沌と混迷と混乱を招いている元凶といっても過言ではありません。

エロスの結婚とロゴスの結婚

最近、結婚に関して、「最も大切なことは何なのか」とか「幸せな結婚の条件は何なのか」などと、真の結婚観について真剣に問うようになってきている若い女性たちが顕著に増えてきています。

地球の理論に基づいた結婚観は、**非合理的**な**性欲**に基づいた**エロスの結婚**に従って、**エゴイズム**（自己中心性）と**ナルシシズム**（自己満足と自己陶酔）による**自己欲**に貫かれています。

宇宙の法則に基づいた結婚観は、**合理的**な**性愛**に基づいた**ロゴスの結婚**に従って、**愛の相対化**による究極の**デリカシー**（繊細さ）と**ホスピタリティー**（癒し）による**自他愛**に貫かれています。

ロゴスの結婚に於ける、唯一の目的は、ゼロの法則に基づいて、女性と男性の相反する性稟である、「性の揺らぎの偏差」を、お互いが解消して、バランスの良い愛の理想の人格形成をすることにあります。

ゼロの法則に基づいて、宇宙の無限意識場はゼロの揺らぎ理論によって、運行されていて、私たちの意識にも分離感と距離感は存在していません。

私たちの身の回りには、さまざまなモノが存在していますが、意識しなければ、存在していても、自分にとってはない存在になっています。

しかし、意識した瞬間に、そのモノの存在を認識することができます。

すなわち、私の意識が初めにあって、そのモノを結果として、私の意識が認識していますので、初めも終わりも、私の意識が原因として発信され、私の意識が結果として受信しています。

私の意識の中には、何人たりとも介入も、介在もできず、すべてが私の意識の中で、最初から最後まで行われています。

故に、意識には分離観による分離感はなく、距離観による距離感もなく、すべてが意識の中で行われていて、初めと終わりは原因と結果に於いて、我が意識と一致しているという、宇宙の不可侵不介入の原則が、根源的な姿勢として貫かれています。

事実のエロスの結婚と真実のロゴスの結婚

ロゴスの結婚は、私が彼を意識し、私の意識が彼を認識している訳ですから、私の意識の中には、彼との分離感も距離感も存在しません。

初めと終わりは原因と結果に於いて、自分の意識のみに一致しているからです。

意識の分離感と距離感が、あるかないかの違いは、霊性意識体（霊的性稟）が高いか低いか、肉性意識体（肉的性稟）が強いか弱いかに起因しています。

エロスの結婚は、物質世界の飼い慣らしによって、肉体感覚であるフィジカル・フィーリングだけを頼りに、分離感と距離感を意識の中に強化しています。

またエロスの結婚は、葛藤と摩擦による格差や差別を創り出す、肉性意識体として存在を余儀なくされています。

ロゴスの結婚は、霊質世界に行く準備として、霊的情動であるスピリチュアル・エモーションを訓練し強化して、分離感と距離感を意識の中に減少させていきます。

ロゴスの結婚は、ゼロの揺らぎ理論に基づいて、お互いのバランスと調和と秩序を創り出せる、霊性意識体に進化するように、自助努力を共に心掛けていきます。

ですから、愛の相対化が可能となり、究極のデリカシーとホスピタリティーで、自然とお互いが向き合い、コミットメントできるようになります。

エロスの人間は、肉体という囚人服を身に着けて、牢獄星の住人として、事物に基づく現象の実存の中で、必然的に分離感と距離感を感じざるを得ない環境の中で、存在しなければならない**事実**があります。

ロゴスの人間は、真性に基づく意識の実存で、すべてのモノには意識があることを大前提として、**「意識を意識して生きる生き方」**を心掛けていますから、**真実**で生きようとします。

ロゴスの結婚には背信行為がない

エロスの結婚は、物質世界に飼い慣らされた意識ですから、私と彼との間にシッカリとした距離感と分離感があって、私と彼とは別人だと認識して、関わっているところに、大きな勘違いと間違いがあります。

物質世界は、フィジカル・フィーリング（肉体感覚）が、意識の距離感と分離感を作るように方向付けていて、エントロピーの増大化による葛藤と摩擦によって、不快な感情へと誘導していきます。

エロスの結婚は、肉体という嘘の鎧を着た者同士ですから、気が通じ合わないとか、性格の不一致とか、価値観が違うからとか、観ている方向が違うから、といった具合に離婚の理由付けをします。

ロゴスの結婚は、宇宙霊界に行くための重要なパートナーとして、お互いが理解していますから、スピリチュアル・エモーション（霊的情動）に基づいて、意識の距離感と分離感を作らないように方向付けて、エントロピーの減少化により葛藤と摩擦を限りなくゼロに近づけて、快喜な感情に誘導していきます。

ロゴスの結婚は、人生の目的観が共通ですから、関われば関わるほど、理解が深まり、自分のこと以上に、思いを尽くし、心を尽くして、愛することができるようになります。

ロゴスの結婚は、宇宙に行くための準備をしていますので、常に意識の分離感と距離感のエントロピーを減少化させて、葛藤と摩擦を排除しようと自助努力しています。

私が彼であり、彼が私だという認識で、意識を相対化させて、**「私即彼、彼即私」**の愛の実践に自助努力を傾注していきます。

故に、ロゴスの結婚には背信行為はあり得ません。

エロスの結婚は現世利益でロゴスの結婚は霊世利益

エロスの結婚は、人生の共通の存在目的と存在価値が、全く存在していませんので、不調和と無秩序な夫婦となって、愛を与え合う夫婦ではなく、愛を要求し合う夫婦になってしまいます。

エロスの結婚は、夫は自分の勝手な都合で、自分の望むような妻になることを、当たり前のように要求しますが、妻が望むような夫になることは、かたくなに拒否します。最近は妻も全く同じようなことが、現実として起きています。

すなわち、愛を与え合うのではなくて、愛を奪い合うことによって、虚《むな》しくもはかない刹那的な価値観で、**「依存と支配と不自由の原則」**の共依存と共支配によって、不自由を強要し合い、生きるために生きる生き方で、一生が仕方なく終わっていきます。

エロスの結婚は、夫婦が人生に対する存在目的と意味と意義と価値観が、全く存在していませんので、喜びと感動は結婚式の日をピークに、結婚生活と共に薄らいでいき、分離感と距離感によって、やがては単なる同居人もしくは、共同生活者となっていきます。

ロゴスの結婚は、人生の共通の存在目的と存在価値を共有していますので、以心伝心の二人三脚の夫婦となって、慈しみ合い理解し合い、喜びと感謝を享受し合う夫婦となっていきます。

すなわち、愛を与え合うことで、喜びを共有し、生きる意味と意義を見出して、お互いの存在価値を創造する、**「自立と解放と自由の原則」**に従って、愛と喜びの感情の通路を向上心によって拓きながら、お互いを個性芸術として尊重して、人生を一生涯にわたって謳歌していきます。

エロスの結婚は、現世利益に基づく、打算的な価値観で、この人と結婚したら幸せになれるのだろうか、私のタイプだから好き、私のタイプじゃないから嫌いなどといった、まず、自分のご都合主義の動機と発想で相手を決めます。

死んですべてを失うことが分かっていても、無知が故に、地球の地球による地球のための生き方に終始して、現世利益を求め合うものですから、必然的に心霊も心情も枯渇して破局を迎えることになります。

ロゴスの結婚は、霊世利益に基づく、宇宙生活のための目的と価値観を共有した動機で結婚しますので、夫を地球星から卒業させたい、妻を宇宙に行かせたい、というコンセンサス（一致点）で人生を共有していきます。

死線を越えた宇宙に本質があることを、十分に理解していますので、宇宙の宇宙による宇宙のための生き方に終始して、霊世利益を求め合いますから、必然的に心霊も心情も常に満たされて、愛と喜びが恒常的かつ恒久的になされて、進化と発展が持続可能になっていきます。

愛の理想のペアーシステム

たとえ聖人や義人であっても、どんなに優秀な個人が自助努力しても、一人では愛を完結することは絶対に不可能です。

愛を完結するためには、女性と男性の理想的な愛のパートナーの存在が、ゼロの法則に基づいて、性の揺らぎの偏差を解決するために、絶対に不可欠だからです。

歴史の指紋は、主体である女性が不在の中に、男性の独善的な経済理論や宗教理論の枠組みと価値観によって、男性型支配構造の根幹を無言のうちに合法化して、文化の核を形成してきました。

歴史を通して地球星に存在した者は、すべて女性から生み出され、男性から生み出された人は誰一人として存在していません。

歴史上の聖人たちが女性の存在を無視して、**「愛のペアーシステム」**を完結せずに、独身で現世を去って逝《い》ったとしたならば、何を悟り得て、語ったところで、何を偉業として残したとしても、本質的な意味と意義を見出した訳ではありません。

人生の目的に於いて、最も重要な課題と責任である、女性と男性の悲哀と恩讐のコアを解放する役割と責任が、お互いに完結されていませんので、霊主体従の法則に従って地球星に何度も再降臨しなくてはなりません。

どんなに優秀な聖人や義人であっても、一人では、ゼロの揺らぎ理論に基づく、**「陰陽の愛」**を完結することはできません。

愛を完結するためには、女性が宇宙の半分の陰を代表して、男性が宇宙の半分の陽を代表して、主体である女性の愛と統合と融和と創造の論理によって、対象である男性の力と支配と闘争と破壊の論理が、次元統合の原則に従って包括され統合されたときに宇宙の愛は完結されます。

すなわち、愛を完結するためには、愛の理想のパートナーが不可欠だからです。

もし、聖人と言われる人たちが、二人の国である天国への道に繋がる、愛の理想の夫婦としての姿かたちを、ロール・モデルとして世に顕現していたら、今のような世界はありませんでした。

たとえ、聖人であっても義人であっても、このシステムに死角はありませんので、**「自己満足の偽善」**のために地球星に降臨しているのではありません。

男性は女性の悲哀と恩讐を、**「自己犠牲の慈善」**で解放してこそ、地球星に横たわる女性たちの愛の恨みを解放する、役割と責任が歴史的に果たせるのです。

男性の独善的な経済論理や宗教論理によって、あたかも女性が汚れて劣っている存在のごとく、女性差別や女性格差、女人禁制とか女人結界などといって、頑なに女性を拒んできたのは、未分化な性的欲望意識の誘惑を回避するために、女性を差別的に排除して、自己逃避してきただけのことです。

もし、独身であった聖人たちに例外が許され、正当化されるのであれば、女性の存在は初めから否定されていたことになり、母親の存在なくして聖人の存在もなかった訳ですから、宗教も血統も途絶えて人類はすでに滅亡していました。

愛のペアーシステムを完結して霊性進化を遂げて、高い霊層次元へと昇華しなければならない、自己の役割と責任が現世に残存することになるからです。

もし、聖人といわれる人たちが、宇宙の太極的な存在が、主体である女性と認識して、人類の行くべき方向性を示唆していたならば、長足的に女男一体となって、性統合意識を完結することにより、新たな霊層次元の生命体へと霊性進化を遂げていたことでしょう。

いくら聖人とは言っても、独身で対象の立場の男性では、不完全、不十分、不均衡であり、半端者になってしまい、ゼロの法則に基づくと、極めてバランスの悪い、大きな揺らぎの葛藤と摩擦を創り出す原因にしかなり得ません。

そのことが、**宗教闘争と宗教戦争**が、歴史を通して今も尚、絶えない元凶であり、唯一の理由でもあります。

人類歴史は、ゼロの法則に基づいて、相反する価値観や宗教観、イデオロギーの対立などによって、男性の力と支配と闘争と破壊の論理に従って、戦争という形で双方が激しく打ち消し合って、尊い生命と万物を破壊してきました。

その後、相対変換の法則に基づく、破壊と創造の原則に従って、女性の愛と統合と融和と創造の論理に従って、新たな生命を胎内で再生し、世に生み出して、精神的な文化と科学的な文明を、新たに再構築してきました。

第一次世界大戦後の文化と文明と第二次世界大戦後の文化と文明では、明らかに精神的な哲学と科学的な技術の進化と発展は、大きく変化を遂げて格段に善くなっています。

その後、有神論と唯心論を唱える米国と、無神論と唯物論を唱えるソ連との、相反するイデオロギーの対立によって、核兵器が抑止力となって、新たな脅威が東西の冷戦構造として、世界的に現象化していきました。

すなわち、人類歴史は、破壊と創造の原則に従って、男性のロジックによる、力と支配と闘争によって、古い文化と文明を破壊し、女性の愛と統合と融和のロジックに従って、新たな上位の文化と文明を創造してきたといっても過言ではありません。

故に、戦争のない世界を実現するためには、一日も早く、霊的に賢い品位ある女性たちが世に顕現し、社会や世界の重要なポジションに台頭することによって、世界は長足的に進化と発展を遂げていくことが可能になります。

陰陽の性統合生命体

夫婦間の悲哀と恩讐を愛で凌駕して、陰陽の人格形成がゼロ・バランスに近づくことで、安定した中和と中性と中庸の**陰陽の性統合**がなされ、自由な愛に基づく喜びの個性芸術を共に顕現することができます。

この地球星に生まれたからには、どんな人であっても、**「女男の愛のペアーシステム」**に基づく陰陽のゼロの揺らぎ理論に従って、女男の恩讐を凌駕して、霊性一如の愛で、**「陰陽の性統合生命体を完結」**するための人格形成をなしていかなくてはいけません。

天国には霊的な扉が存在していて、その扉は鍵と鍵穴が相対的にピッタリと符合しなければ開かないようになっています。

その扉がある霊層次元まで、霊性進化の階段を制覇（このことについてはセミナーで詳しく講義しております）しなければ、天国の扉を開けることは不可能です。

天国の扉を開くための鍵は男性に与えられていて、鍵穴は女性に与えられています。この鍵と鍵穴がピッタリと相対的に合わなければ、天国の扉を開くことができません。

鍵と鍵穴は何処に与えられているかといいますと、それは男性のシンボルである生殖器に鍵が与えられ、女性のシンボルである生殖器に鍵穴が与えられています。

鍵と鍵穴を間違えても、独身の男性の鍵だけでも、女性の鍵穴だけでも天国の扉は開かないようになっています。

この鍵と鍵穴は単なる肉体の生殖器のことではなく、寧《むし》ろ、真逆な霊性進化の方程式に秘められた、未分化な性的欲望意識を解放するための、極意と真髄が隠されています。

愛の欠落した未分化な性衝動による性の論落によって、セックスフレンドと称して不特定多数の人と性交渉をしたり、何度も離婚再婚を繰り返したりする行為は、鍵と鍵穴の破壊行為であり、霊性意識体に対する最大の背信行為でもあり自傷行為でもあります。

霊性意識体の心霊的な鍵と鍵穴は、天国の扉を開く重要な霊的アイテムですから、淫らな性的交渉や性的妄想に陥らないことです。

この鍵と鍵穴は単なる性的交渉をするための肉体的な鍵と鍵穴ではなく、心情的かつ心霊的な真実の愛に基づいて、一生涯をかけて夫婦一体となって、丁寧に創り上げた持続可能なプラトニックな鍵と鍵穴です。

女男の愛とは、宇宙意識場を共通分母として、お互いの個性心理体をゼロの法則に基づいた愛で、性統合した理想の陰陽の姿かたちです。

食的欲望意識は肉体を脱いだ瞬間に消滅しますが、性的欲望意識は陰陽の愛の本質的な問題性であり課題性ですから、宇宙の陰陽の普遍的な相対性原力を創造する重要なメカニズムであり、永遠に持続可能なエネルギーを創り出す基本的な原則ですから、肉体を脱いでも自己責任原則として残存します。

私たち人類にとって最も重大な問題は、宇宙の最も基本的な法則である、ゼロの揺らぎ理論に基づく、相対変換の法則に従って、「女性と男性の関係が、女性主体と男性対象という論理性と価値観に方向付けられて存在している」という理解に至っていないことです。

しかし、ゼロの法則に基づいて、真逆のロジックを内包している、陰を代表する女性と、陽を代表する男性が、歴史を通して進化と共に距離を徐々に縮めてきました。

地球内生物の進化はどのようになされているかと言いますと、原始生命体であるバクテリアやウィルス、アメーバーは性の分化がなされていない両性内包の**「性合一生命体」**でした。

進化と共に性分化がなされていき、メシベとオシベ、メスとオス、女性と男性といったように、性の分化がハッキリと峻別され**「性分離生命体」**として進化を遂げていきました。

卵子と精子が結合した瞬間の受精卵はバクテリアのような性合一の単細胞から細胞分裂し、また、女性と男性に性分化して生み出されてきます。

霊的世界に於いても、女性の霊性意識体と男性の霊性意識体が、**生み変え生み直しの法則**に従って、霊的な鍵と鍵穴が符合した陰陽の**「性統合生命体」**となって、女性の霊的な子宮内で男性の霊性意識体を宇宙次元に生み変えることによって、共時的に同時に女性の霊性意識体が宇宙次元に生み直されます。

このメカニズムとシステムによって、新たな宇宙次元の生命体に霊性進化して、宇宙霊界に昇華していきます。

地球に於ける霊性進化のメカニズムは、高次元の性分化に従って、進化を遂げるようにシステム化されています。

また、個人に於いては、地球物質界では、霊体と肉体が霊肉合一生命体として存在し、死と同時に霊体と肉体が分離して、霊性意識体は霊界で霊性浄化と煩悩洗浄をして、新たな進化のための問題性と課題性を自己決定し贖罪降臨して、また、地球物質界で霊肉合一生命体となります。

ゼロの法則に基づいて、性合一生命体から性分離生命体へと繰り返しながら、「合」で古い霊性を打ち消し合い、「分」で新たな霊性を進化的に創造する、**「合分合の原則」**によって、進化のメカニズムとシステムが機能するように組み込まれています。

霊主体従の法則に従って、新たな霊体に進化することによって、新たな肉体の遺伝情報に子宮内で書き換えられ、霊体と肉体が共に進化していくように方向付けられています。

ゼロの法則に基づいて、合分合の原則は、世界的にも現象化していて、イデオロギー闘争によって、分断されていた同一民族である、東西ドイツが西側に統合されると、ソ連邦が分裂し崩壊していったように、同じイデオロギー闘争によって、分断されている同一民族である、南北朝鮮が南側に統合されると、中国が分裂し崩壊していくことになるでしょう。

霊長類は、いかに進化を遂げてきたかと言いますと、性分化と共にホモ・ハビリス（道具を使う生命体）からホモ・エレクトゥス（二足歩行する生命体）に進化し、更にホモ・サピエンス（知識を使う生命体）へと進化し現在に至りました。

これからは、ホモ・フィロソフィカル（心を使う生命体）へと進化を遂げて、最終的にはホモ・コスモロジー（宇宙の生命体）に進化を遂げていかなければなりません。

世界の問題と課題を解決する方法は一つしかありません。

人類に内包している論理性に基づく、メカニズムとシステムを、男性主体の支配構造から女性主体の統合構造に転換することによって、たとえ困難なことであっても、必ず、ゼロの法則に従って解決される時が訪れます。

7章のまとめ

◎生き方の基本的な姿勢は、自他分離境界線を引いて自己統合性を確立することによって、他者の評価に対してネガティブな感情の移出も移入も一切しないように心掛けることです。

◎エロスの結婚は自己満足と自己陶酔による自己中心型で、自己欲に貫かれています。

◎人類の歴史上で最大の揺らぎは、女性と男性の陰と陽の揺らぎです。性の揺らぎの偏差を縮めてきたのが進化の歴史そのものです。

8章

「男性主権社会」から、「女性主権社会」へ

――宗教では愛の理想世界を創り出すことは不可能

宇宙は、自由法則と自己責任原則と不可侵不介入の原則

宇宙は一人ひとりの意識に対して、自由意思に基づく、自己決定に委ねる、という**自由法則を完全に保障**しています。

ですから、すべての現象化した事実に対して、**自己責任原則を担保**しなくてはいけません。

故に、宇宙は自由法則を保障するために**不可侵不介入の原則**を貫徹しています。

例えば、イエスが十字架上で言ったとされている、「主よ、彼らを赦《ゆる》したまえ、彼らは一体、何をしようとしているのか分からないのです」。という十字架の贖罪論について、宇宙論的に詳しく検証してみましょう。

まず、「主よ、彼らを赦したまえ」という内容について検証してみます。

そもそも、主なる神という存在は、一体、どのような存在なのかを、分かり易く端的に解説しますと、神という存在は、あくまでも地球意識場の中で、人間の意識が創り出した想念の存在です。

数字や時間と同じように、人間だけに通用する、人間の人間による人間のための勝手な都合によって、頭脳と想念が作り出した存在です。

人間は進化に従って、人間の必要性に応じて、使い勝手よく数字や時間や神などを作り出して、その結果、人間は見事にありとあらゆる生活圏に於いて、それらに合法的に管理され支配されています。

すなわち、神が人間を創造したのではなく、人間が神や数字や時間を作ったのです。

事実、人間以外の動物や植物が、神という存在を認識して、礼拝《らいはい》していますかといいますと、とてもそのようには思えません。

すべての万物に対する普遍的な意識として、神が共通に存在している訳ではなく、人間のそれぞれの霊性が、それぞれの意識によって、それぞれの神という存在をそれぞれに創り出したに他ならないからです。

宇宙の無限意識場には、普遍的な法則や原則は存在していますが、神という存在は、どこを見渡しても存在していません。

神という絶対者が創り出された瞬間に、人間の意識は依存と支配の原則に従って、自らが自由法則を放棄して、自分自身を不自由へと方向付けていきます。

このメカニズムとシステムが、宗教依存による宗教支配へと方向付けて、義務感と使命感に洗脳され、伝道や布教を強要されて、自らを極めて不自由にしていく、諸悪の元凶となっています。

自由法則を保障するためには、何モノも意識の中に介入することも、介在することもできない原則に従って、一人ひとりの意識が自由意思に基づく、自己決定と自己責任原則を完結する義務と責任を、負っているからです。

宗教依存して宗教支配されるのも、自由意思に基づく、自己決定と自己責任に委ねられていて、何モノにも依存しない、自立と解放と自由を自己決定するのも、自由意思に基づく、自己決定と自己責任に委ねられているからです。

そもそも赦すか赦さないかは、人間の想念によって創り出された、神の問題性でも課題性でもなく、イエス自身の霊性意識体に問われている問題性と課題性であって、想念の神に依存して、神がどうこうする根拠と義務と責任は、どこにも存在していません。

アルファとオメガは原因と結果に於いて、イエス自身の意識のみに一致している。という宇宙の大原則が存在するからです。

イエスは神という絶対的な存在と、イエス自身の意識の関係に於いて、主従関係が無条件で確実に創られていて、依存と支配の原則に従って、神に彼らの救いを委譲し懇願するという他者依存原則に支配された言動に及んでいます。

イエスを十字架にはりつけにした、彼らの問題性と課題性は、彼ら自身の自己責任原則に任せるべきです。

何度も言いますが、言語も数字も時間も神も、人間が人間の都合で使い勝手よく作り出したモノに他なりません。

当然、仏教に於ける如来や菩薩、明王なども、その時代的な背景によって、人間の想念が作り出したもので、信じている人の意識のみに存在するバーチャル（妄想）に他ありません。

事実、現代の姿形とは、とても似つかわしくない、時代錯誤のいでたちで荒唐無稽な姿形として表現され存在しています。

ですから、人間以外の植物や動物や、ましてや霊物には、一切、通用しません。

ゼロの法則に基づいて、自らの意識を外に向けるのではなく、自分自身の内なる霊性と真摯に向き合って、霊性と意識の揺らぎを限りなくゼロ・バランスに近づけていき、精神的な葛藤と肉体的な苦痛をできる限りゼロに圧縮していき、感謝することに最大限の自助努力を払っていくのが、基本的な宇宙の法則と原則です。

その内面的な霊性意識体の真実によって、外面的な十字架という事実に対する自他分離境界線を引いて、自己責任原則を完結することで、自己統合性を確立していくことができます。

イエスは、罪なき者、彼らは罪深き者、というイエスと彼らとの間には、自他分離境界線を越境し、感情移出と感情移入による、人間的な善悪論の範疇に支配され、自己責任原則を放棄して、被害者意識による責任転嫁によって、ゼロの法則に反して、罪なき私と罪深き彼らといった、意識の分離感と距離感を自分自身の意識の中に創り出しました。

この無知なる十字架の贖罪論によって、その後のイエスは救世主に担ぎ上げられ、**イエス依存**に方向付けられて、**イエスに対する意識支配**の下に、キリスト教を創り出し、キリスト教の牧師や神父に依存した信者たちによって、バチカン支配の下に、法王を中心とした男性型ピラミッド構造を、歴史を通して全世界に連綿と拡大してきました。

故に、イエスは宇宙の法則と原則を、全く理解していなかったのか、それともイエス以降の人たちの思惑によって、勝手に作り上げられた孤高の虚像なのか、いずれにしても、このままでは、イエスは宇宙の法則と原則の下に、究極のエゴイストであり、ナルシシストであったことになってしまいます。

イエスの時代の文化的な背景と文明的な背景を思ったら、イエスの十字架は、それなりに卓越した意味と意義と価値が、進化の歴史の過程にはあったと思います。

牢獄の惑星である地球は、被害者と加害者の相対変換の法則に基づいて、贖罪降臨の原則の範疇にありますから、もし、私が同じ立場に立ったとしたならば、「我が霊性意識体よ、彼らには何の責任を負う立場と義務はありません。すべて私自身が霊性進化のために自己決定した問題性と課題性による、罪の償いであり贖いですから、私は自己責任原則に於いて、この十字架を、無条件で全面的に感謝と喜びで受容します」と言って、すべての現象を自分の意識の中に無条件で受け入れていきます。

もし、イエスが宇宙の法則と原則に基づいて、自己責任原則に従って十字架を背負っていたとしたならば、その後のイエスは、キリスト教の信者の信仰心という想念や妄想によって、依存されることもなく、地上界に呪縛されることもなく、まして、利用されることもなく、大きな自由を自らの手にしていたことでしょう。

その後の歴史は、たとえ冤罪（無実の罪）であっても、あの人が悪い、この人が悪い、その人が悪いなどといって、善悪論や保身による被害者意識に陥って、不快な感情により責任転嫁をする者もなく、奪い合うことも争うこともなく、すべてが自己責任原則の下に、人類は長足的に霊性進化を遂げていたことでしょう。

宗教では不可能な愛の理想世界

宗教や思想や哲学の理論の枠組みと価値観では、愛の理想の夫婦や家庭を築くことは絶対に不可能であることを歴史が明確に証明しています。

なぜならば、過去の聖人といわれる、独身の男性であるイエスも釈迦も最澄も空海も、その他の聖人や義人が、愛の理想の夫婦としての姿をロール・モデル（指標）として、世に顕現した訳ではなく、男性の論理を独善的に展開したに過ぎないからです。

イエスや釈迦が望んで聖人になった訳ではなく、男性型支配構造の思惑によって宗教的に担ぎ上げられ、都合良く創り上げられた孤高の虚像だからです。

もし、そうでなければ女性の存在を無視して、男性中心のピラミッド型支配構造のような歴史を、宗教界が連綿と築くはずがありません。

未分化な性的欲望意識によって、鍵と鍵穴の扱いを間違えることにより、夫婦の恩讐がコアとなって夫婦不和を生じ、家庭不和となり、社会不和となって、国から世界に不和は拡大し、ありとあらゆるものを複雑化させ、さまざまな問題を提起している元凶となっています。

この女男の不和が、すべての不快な感情の根源となって、現世で天国も築いていない独身の聖人や宗教開祖の論理を、ロール・モデルとして担ぎ上げても、宗教では何も解決できないどころか、さまざまな問題を提起し複雑化させてきた事実を、歴史が明確に証明しています。

聖職者たちが築いてきた独身社会が今も尚、宗教界に君臨している事実を垣間見ますと、宗教的な人格形成史の中に、著しくバランスを欠いた人格の偏差を感じてなりません。

男性から女性に主権移譲の時代

私たちはアナログ意識からデジタル意識に大転換するＴＰＯを迎えています。

そのためには、男性たちは一日も早く、ありとあらゆる男性主権を女性主権に転換するために、すべての権限と権能を譲渡しなくてはいけません。

例えば、女性が太陽の役割と責任を果たし、男性が月の役割と責任を果たしているとしたら、重要な役職である、立法府の国会議員の数や行政府の官僚の数や会社の役員の数などは、女性が手始めに五分の四を占めて、決裁権はすべて女性に与えることです。

どんなに困難なことであっても、人類の責任において主権移譲が完結しない限り、地球星は永遠に牢獄星のままになってしまいます。

霊主体従の法則に基づいて、贖罪降臨してきて、霊性の進化と体質の改善は、子宮内でなされていきますので、対象の男性の論理では、男性が子どもを妊娠して、新たな生命を世に生み出すのと、同じくらい不可能なことです。

イエスや釈迦やムハンマドのような対象である、男性の独善的な論理性に基づく、宗教理論では闘争と戦争の歴史を山ほど築いても、霊性進化を完結させて地球星を卒業することは、絶対に不可能であることは、すでに歴史が明確に証明しています。

なぜならば、霊性進化の方程式は、主体性である女性に委ねられていて、女性の愛と統合と融和と創造の論理性に基づく、次元統合の原則に委ねられているからです。

進化の聖域である子宮内で、遺伝子の組み換えによる体質改善と、母性愛の次元統合の原則による霊質改善によって、肉体進化と霊性進化が共時的に同時になされ、歴史の進化過程を導いてきたからです。

最も重要な生命進化に方向付ける、生み変え生み直しの役割と責任を、女性が担っている以上は、社会の生み変え生み直しも、民族の生み変え生み直しも、国と世界の生み変え生み直しも、すべて女性にその権能と役割と使命と責任が、宇宙から与えられているからです。

なぜならば、この世の決裁権は、すべて男性が握っていますが、あの世の決裁権は、天国の扉と鍵穴を共有している女性が握っているからです。

地球星の諸悪の原因は何処に存在するかといいますと、それは、一人ひとりの遺伝子の中に存在しています。

本能的原存意識である食欲と性欲が、肉体の因果律の法則に従って、食欲は財物欲に変遷し、性欲は支配欲や地位欲や名誉欲へと変遷してきました。

遺伝連鎖の法則に従って、遺伝子支配による本能的残存意識として相続され、肉体支配構造を連綿と相続してきました。

この体主霊従の法則のメカニズムが、人種の壁を創り、民族や国や言語、文化など、さまざまな恩讐の壁を強固に創り上げてきました。

この欲望意識を転換しない限り、すべての問題の解決はなく、旧態依然の理論の枠組みや価値観では、やがて自己破壊と自己破滅の結果を余儀なくされていきます。

生み変え生み直しの法則

この問題を解決する方法は、世界を一家族主義に転換して、一つの理論と法則に統合した、世界的な理念に方向付けるしか道はありません。

世界を一つに統合する方法は、未分化な性的欲望意識を重複させて、**「近親交配」**にみる同族交配ではなく、人種を超え、民族を超え、国を超えて、すべての文化や文明や言語をも超越して、歴史的に全く縁もゆかりもないＤＮＡの人間同士が、**「グローバル交配」**を世界的に展開していくことです。

生み変え生み直しの法則に従って、グローバル交配を七世代にわたって行えば、遺伝子組み換えによる体質改善が容易になされて、本能的残存意識は間違いなく半減して、肉体の欲望意識も大きく減少し、遺伝子が転換されていきます。

その結果、人種の壁も、民族の壁も、国の壁もなくなり、当然、文化の闘争や文明の格差、貧富の格差も是正されます。

そして、世界の言語の善いところを、一つの共通言語に統合して、必ず、グローバル・コラボレーション世界が建設されます。

そのために最も重要な懸案は、霊的に賢い女性たちを、世界中にいかに早く、多く輩出できるかに懸かっています。

なぜならば、新しい時代の高次元の霊性意識体は、女性の霊層次元に従って、受胎降臨してくるからです。

進化は、相対変換の法則に基づいて、**「生み変え生み直しの法則」**によって、時代ごとに完結されていきますので、霊界からどのような子どもとなる霊性意識体を受精卵に迎えるかが、重要なコンセプトとなります。

弁証法によって検証してみますと、今現在、日本の女性が海外の男性と結婚して、グローバル交配によって生み出した子どもたちが、勉学に於いてもスポーツ界に於いても、優秀な才能と才覚を際立てて世に顕現している事実が証明しています。

世界から国がなくなり国境がなくなって、世界一家族にならなければ、人類は地球星を卒業して宇宙の段階の生命体に進化することはありません。

エロスの性的交渉とロゴスの受胎交渉

ロゴスの結婚は、最も実存的であり、極めてシンプルで決して難しいことではなく、愛の理想の夫婦関係を築いて、理想の家庭が礎となって、理想の社会を形成することによって、理想の民族や国家を形成して、共存、共栄、共生の世界の実現に方向付けていくことをコンセプトにしています。

エロスの結婚に基づいて、未分化な性的欲望意識に支配されて、肉体の快楽に溺れた**「淫乱な性的交渉」**によって妊娠した胎児と、ロゴスの結婚に基づいて、高分化な性的統合意識によって、

「聖なる受胎交渉」をして、崇高なる清らかな霊性意識体の胎児を、我が胎《たい》に迎えたいとの意思によって、妊娠した胎児とでは、天と地ほどの大きな差が生じます。

エロスの結婚に基づいて、体主霊従の未分化で非合理的な性欲に支配された、淫乱な性的交渉と、ロゴスの結婚に基づいて、霊主体従の合理的な性愛に統合された、聖なる受胎交渉とでは、霊性進化において宇宙論的な差が生じます。

エロスの結婚は、未分化な性的欲望意識に従って、肉体の欲望や情欲に任せて淪落した淫らな性的交渉をして受胎しています。

ロゴスの結婚は、高い霊層次元の霊性意識体を迎えるために、聖なる受胎交渉によって、聖なる霊性意識体を受胎するように、女性たちは最大の自助努力を払っています。

そのことによって、自らも霊性進化の道を拓くことが可能となり、母子共に新たなステージに人格転耀《てんよう》と霊性進化を完結することが可能になります。

エロスの男性たちが、性欲支配構造と財物欲支配構造によって、女性を依存に方向付けて合法的に支配し、牢獄星の役割である、「依存と支配と不自由の原則」に方向付けるメカニズムを構築してきました。

ロゴスの女性たちが、牢獄星からの解放を目指して、男性の性欲支配構造と財物欲支配構造の試練と苦難の歴史の中で、恩讐を愛で凌駕しながら、多くの女性たちの犠牲を払って、歴史を通して人類の再生と発展を方向付けながら進化をもたらしてきました。

牢獄星の支配の役割と責任を果たしてきたのが、エロスの男性による男性型支配構造の歴史です。

ロゴスの霊的に賢い女性の母性愛が、女性型統合構造に方向付けて、進化の役割と責任を果たしてきた歴史です。

エロスの結婚は、愛の問題を複雑化して、性道徳や性倫理や性分化を低次元化させ、さまざまな問題を提起し、未分化な性的欲望意識が霊性進化を妨げてきた最大の理由であり元凶となっています。

エロスの結婚は、牢獄星の役割を果たすために、男性を頂点とするトライアングル・システムを合法化して、男性支配の縦型構造を家庭から社会、民族、国、世界まで拡大して、ピラミッド型支配構造を世界的に構築してきました。

エロスの男性は、牢獄の惑星に於いて、歴史を通して果たしてきた、男性型支配構造を心根から悔い改めて生きることです。

エロスの男性は、女性に対して謙虚と謙遜で、真心で真摯に侍って、悲哀と恩讐を解放して、霊的に賢い女性の愛に統合されて、理想的な心身一如の愛のペアーシステムを構築することです。

アリやゴキブリや獣のように本能的原存意識に支配されて、目先のことに終始して、生きるために生きる生き方に辟易して、心根から今生限りで地球星を卒業して、広大無辺なる大宇宙の生命体になりたいという、共通の存在目的と存在価値を共有して、二人の国である天国を創造して、天国の扉を開く鍵と鍵穴を愛で統合すること以外、永遠に地球星を卒業することは不可能です。

8章のまとめ

◎霊性進化の方程式は、「愛と統合と融和と創造」を意識に内包している、品位と品格のある霊的に賢い女性に委ねられています。

◎地球星から広大無辺なる宇宙の生命体になるためには、宇宙の扉を開く霊的な鍵と鍵穴を愛で統合することです。

◎エロスの淫乱な性的交渉とロゴスの聖なる受胎交渉では、受胎してくる胎児の霊性が天と地ほどの差があります。

おわりに――

私が、霊的に体験した宇宙霊界には、地球霊界にはあった太陽の存在もないし、人間のような姿かたちをしている霊性意識体は、何処にも存在していませんでした。

それどころか、一瞬として同じ原形を留めている、生命体など存在していませんでした。

霊性意識体は瞬時、瞬時にさまざまに姿かたちを変え、地球意識場には有り得ない、想像を絶する現象を、自由に創り出し、それぞれの個性芸術を堪能しています。

地球意識場は既存の創られた世界に依存して、その結果、支配されることによって不自由に方向付けられています。

宇宙意識場は自由意思に基づいて、自己責任の範疇で自らが創り出す個性芸術を謳歌し堪能しています。

とにかく、摩擦係数も葛藤係数も限りなくゼロに近いので、エネルギーを獲得するための作業もなく、葛藤によって相剋《そうこく》するものがないので、快喜な情動のみが行き交っています。

我が意識と無限意識場との相対性原力のみで、極めてシンプルなメカニズムで、すべての機能が意識で果たされるようになっています。

肉体を背負うことの煩わしさや患示唆《わずらしさ》を理解するためには、どれだけの物理的エネルギーが肉体に必要であり、それに伴って情動的には、葛藤と摩擦が必然的に起きるということを、地球で嫌になるほど経験することが一番です。

そのためには、重力場に逆らって過酷な登山をして、空気の薄いところに登っていくと、肉体は疲労感に襲われ、空気を吸うことすら困難になり、心情は葛藤と苦悶に苛まれます。

その時に、意識を頂上に向け、意識は瞬時に頂上に行っているのに、私は、まだ、ここかと思った時に、登山家の精神論とは違って、肉体というモビルスーツを本当に脱ぎたいと思います。

地球星を卒業したいと思っている人は、是非、実践してみてください。

現世利益という安っぽい満足に浸っている人は、現世的な欲望支配に陥っていますので、肉体に対する執着と未練が強烈にあります。

宇宙に行くための準備をした人は、牢獄星からの解放記念日である死の訪れを楽しみにしていますが、現世利益に没頭し埋没した人たちは、死に対する不安と恐怖に怯えながら、悶々となすすべもなく、仕方なく生きています。

ロゴスの結婚に基づく、愛のペアーシステムは、あくまでも地球の問題性と課題性を解決するためのメカニズムとシステムです。

宇宙霊界に行くための準備は、もっともっと、スピリチュアル・エモーションに基礎付けられた意識を強化して、霊性を高次元のステージに引き上げて、意識のマトリックスを鍛えなければいけません。

それさえできたら、ペアーシステムというメカニズムとシステムを、飛び級でショートカットして宇宙生活に到達できます。

最終的には、宇宙の無限意識場とペアーシステムになればよい訳です。

私たちが38億年にわたって、エントロピー増大型に方向付けられ、飼い慣らされた意識の癖は、そう簡単に払拭することはできません。

物質の世界観でフィジカル・フィーリングを頼りに、分離感と距離感をシッカリと身に着けた、肉性意識体を転換していくことは、至難の業ではありません。

有って在るものの意識の世界観を、身に着けていくためには、徹底した相対化の愛の訓練が必須であり、究極のデリカシーとホスピタリティーを実践していくことです。

すべては経験に基づく事実のみを積み上げて、保証していくといった手法によって、霊性の高い真実の乗り物に意識を乗せていくことです。

宗教のように信仰することを目的にするのではなく、精神世界のように自己満足といった荒唐無稽の自己陶酔でもなく、あくまでも、自由意思に基づく自己創造の世界を、意識のマトリックスによって、無限意識場に現象化していく手法です。

そのためには、単なる瞑想や座禅の自己満足や自己陶酔の世界観ではなく、愛の実践と貢献に裏付けられた、個人から氏族、民族、国、世界、宇宙にまで及ぶ、向上心で愛の実績を積み上げていくことです。

宇宙生活をするための準備を具体的にしなくては、生きている意味と意義を失うことになります。

宇宙に行く準備ができない理由は、地球を中心とした天動説的な意識で、宇宙をあまりにも理解できていないことに起因しています。

肉体の目で真っ暗闇の中に浮かぶ、星や流星を見ていますので、本当の宇宙霊界が見えていません。

人間は分からないモノには、必然的に不安と恐怖を感じるようになっています。まして、真っ暗闇の宇宙しか認識できなければ、意識は不安と恐怖に誘導されていきます。

霊性の目を鍛えていくことで、肉体の目を超越したところに、真実の宇宙観が意識の目に現れてきます。

最近では、科学の最先端にいる人たちで、極めてスピリチュアル・エモーションの優れた医者や物理学者、農学者、経済学者などで、地位や名誉や財産といった、現世利益の欲望から解放された人たちが、自ら科学の限界に直面して、科学の枠組みを超越する必要性を、極めて謙虚に真摯に受け取っている人たちが、増えてきているように見受けます。

特に医学の分野に於いて、医学界は生かすことのみを探求し、科学技術を向上させてきましたが、終末期に向き合って、死にゆく宿命を背負った現世の生命について、真剣に考える医者が増えてきています。

その人たちは、人生を単なる生きるために生きて、仕方なく死を迎える**生死観**ではなく、初めに生ありきではなく、初めに死ありきという、シッカリと死を捉えた価値観で、人生を生きる**死生観**の確立が重要であると提言しています。

ここで宇宙の法則と原則に基づいて、パラレボな生き方を徹頭徹尾、実践されて宇宙に昇華された方がおりますので、その方の生きざまを、捏造や歪曲もなく、誇張もせずに、実際にあった事実のみを保障して紹介します。

その方は、初代、セルフ・ヒーリング実践研究会の主宰者であり、神代ゆう先生といいます。

神代先生と私の出会いは、２００１年の９・11の同時多発テロの10日後に行われた私の講演会でした。

その講演会の中で私が語った、「地球星を卒業するための方程式があります。」という、たった一言のフレーズに心惹《ひ》かれて、講演会が終了した直後に、私のところに駆け寄ってきて、「先生、地球星を卒業する方程式が本当にあるのでしたら、是非、私に教えてください。」と真剣に訴えてきました。

「私は幼少期から真剣に宇宙のことばかりを考えてきて、大学時代から色々な精神世界や宗教世界を片っ端から渡り歩いてきましたが、何処にもそんな事を言っているところはありませんでした。」と言うのです。

私も神代先生の真剣な姿勢と言動に感銘し共感しましたので、神代先生が求める宇宙の法則論や原則論を、時間が許す限り余すところなく、徹底的に教え込みました。

そうこうして、５年の月日が流れた時に、神代先生が私に、「先生から学んだ宇宙の真理を多くの方々に伝えたい」との申し出がありました。

私は、「宇宙は自由法則に基づいていますから、自分がやりたいと思ったら、どうぞ自由にやったら善いと思います。これからは女性の時代ですから、私が応援できることは、陰ながら応援いたします」。と答えました。

そして、2006年4月3日に（株）セルフ・ヒーリング実践研究会という教室が発足しスタートしました。

波乱万丈のスタートでしたが、半年ほど過ぎて何とか乗り越えて、順調になり掛けた、その時のことでした。

神代先生から相談がありました。「先生のことを信じていますので、このことは他言無用でお願いします。絶対に人には言わないでください」と、念押しをされました。

「実は、右胸に5センチほどのシコリができたみたいです」。と一言言ったのです。

私はすかさず、「病院に行って検査をしてもらったら良いです。乳腺腫かもしれないし、良性のポリープかもしれないので、早ければ早いに越したことはないですから」、と言いました。

しかし、神代先生は「私の身に起きたことです。ですから、私が全責任を負いますから、先生は事実だけを達観していてください」と言って、病院に行くことを一切、拒否されました。

それから、3年が経過した頃、突然、私に「紫色に腫れ上がったところから出血が始まりました。」と言ってきたのです。

私はビックリして、「早く病院に行って、感染症などにならないように、処置をしてもらった方が良いです」。と言ったのですが、これも見事に却下されました。

その後、毎日、出血は続いていて、自分なりの処置をして、普段通りに何の変わりもなく、教室で講義をしていました。

神代先生は経過報告だけは私にしてくれていました。

2011年には咳き込むことも多くなり、肋骨《ろっこつ》の痛みもあるようでした。

私は、すでに遠隔転移が肋骨から肝臓、肺にまで及んでいると推測しました。

それでもいつも通り教室で授業をやり続けていました。その時、こんなことを言っていました。

「先生、不思議ですね。教室で講義をしている時は、咳も出ないし痛くもないのです」とさり気なく言ったのがとても印象的でした。

2011年の11月に神戸の講演会の後、スタッフさんの配慮で有馬温泉のエクシブ有馬離宮というリゾートホテルに御招待を受けた時のことです。

応接室で談笑している時に、神代先生が大きな咳を2回ほどされました。その時、2回、咳とともにポキッという音がし、神代先生も少し顔を歪《ゆが》めたように見受けられました。

私はその瞬間、肋骨が折れたことを感じ取っていました。それでも神代先生は平静さを保って談笑していましたので、スタッフは何も気付かなかった様子でした。

帰りの車の中で、私は「痛くないですか」と尋ねたら、「先生はご存知でしたか」と答えられた瞬間、私は泣けて更に泣けて、涙が止めどもなく湧き出てきたことを覚えています。

その時、神代先生はこのようなことを言ったのです。「私のような者のために涙してくれる人がいたのですね。本当に感謝なことです」。と私の方を向くように一礼されたのです。

私は、この方の底知れぬ愛の深さに、ただただ、驚嘆するばかりでした。

それから、1ヶ月後の神戸の講演会にも参加され、その2日後に心肺停止状態に陥り、救急車で救急搬送され、一命を取り留めました。

その時まで、家族は一切このような状況であったことを、誰も把握していませんでした。一緒に暮らす家族でさえも、誰にも知られないように、分からないように、気丈に自己の管理と責任を負っていたということです。

病院も早々に退院してしまい、病院から何度も通院するように連絡がありましたが、すべて拒否して6ヶ月後には連絡が来なくなりました。

その時点でも、神代先生の状況を理解しているのは、家族と私とスタッフの数人だけでした。生徒さんは誰ひとり現状を知らずにいつも通り教壇に立つ神代先生だと思っていました。

相変わらず胸の出血は続き、私に「朝、起きた時とシャワーを浴びる時に、出血が凄いです」と言っていました。

素人が何の消毒もせずに、ガーゼ交換を自己流でするのですから、私は、感染症も起こさず、本当なら敗血症で全身に菌が回って、大変なことになっていても仕方がないと思っていました。

2014年の4月に、こんなことを私に言ってきました。「先生、癌《がん》は凄いですよ。私の右胸、癌によってすべて侵され腐って、溶けて消えてしまいました。」と他人事のように言うのです。

私は状況が全く把握できていないので、「肋骨は見えますか。」と尋ねたら、「見えます」と返事がきました。

そして、神代先生は次のことを仰いました。「右胸を失うことで、歴史を通して男性から受けた、性的屈辱の恨みが解放できたのだから私は本望です」と満足そうに言っていました。

パラレボ理論はエントロピー相対性の法則に基づいて、陰と陽、ネガとポジ、女性と男性、左右と言ったように、女性が左で男性が右と象徴的に位置付けています。

そんな状況でも9月の半ばまで教壇に立ち続けていました。しかし、胸水も溜まり始めて、呼吸そのものが困難になりつつありました。

それでも、12月4日の講演会は、私が皆さんに約束したことだからと言って、二百数十名を前に、威風堂々と凛《りん》として、誰にも気付かれることなく、見事に講演会を成功裏に終わらせました。

その後の生活も胸襟を正し、癌という病気であっても、癌患者としての生き方はしませんでした。

朝、起きて横になることもなく、お嬢様との生活にはなりましたが、極力、依存は避けて、一度として痛いとか苦しいと言ったこともなく、自立の生活を心掛けていました。

胸水が溜まって呼吸そのものが苦しそうだったので、私は、「神代先生、胸水を抜いてもらったら呼吸も楽になるので、病院に行きましょう」と言ったら、神代先生は、「絶対に嫌だ、不自由になるから絶対に嫌だ」と言ったのです。

そこで、お嬢様が「ママ、どうして病院に行かないの？」と尋ねると、神代先生は、「私は傷ついた肉体によって、十分に不自由です。医者とて人間です。人間が肉体のことで、人間に依存したら、人間に支配され、人間を超えられなくなり、人間を卒業できなくなるから、私の意識まで不自由にしないで……」と言って、頑なに病院に行くことを拒否されました。

自由な宇宙に行くためには、ありのままを無条件で全面的に受容するという、自己責任原則を担保し完結するという信念が、強烈にあったからだと思います。

そして、2015年1月26日の11時にトイレに行き、そこで安らかに宇宙へと昇華されていきました。

神代先生がどうして、そのような生き方ができたのかといいますと、それは目的観のみに徹していたからだと思います。

そのためには、宇宙の法則や原則に対する豊富な理解力と、霊的役事の実践と経験に基づく、宇宙霊界に対する深い確信に裏付けられて、それがいつしか宇宙霊界に対する強い信念に変わり、信念と勇気のみを人生の羅針盤として、宇宙に対して一点の揺らぎも葛藤もなく、死線を飛ぶように駆け抜けていったように思えました。

それからの私は、宇宙への茨《いばら》の道を切り拓いてくれた、神代先生の生き方を、誰でも簡単に踏襲できる方法はないものかと、心を尽くし思いを尽くし、真剣に熟慮しました。

そこで、私の経験の積み上げによって、考案したセルフ・ヒーリング（真性の癒し法）という手法を、セミナーを通して取得していくと、誰でも宇宙の霊質素材である、フリークとフリプトンとフリクトロンの実存を、相対ロゴスを使ってスピリチュアル・エモーションで感得し、創り出すことで意識の潜在能力を引き出し、地球意識場の情景では体験できないことが、真実として霊的に経験することができるようになります。

また、自分自身に内在する宇宙の超能力を開花し、誰でも宇宙への確信と信念に至ることができます。

意識が宇宙ほどに大きくなれば、地球のことなど、どうでもよいくらい小さくなります。

さぁ、皆で一緒に宇宙を目指しましょう。

宇場　稔

〈著者プロフィール〉

宇場 稔（うば・みのる）

大学病院にて放射性同位元素（アイソトープ）を使用して、原子物理学や量子論の観点から生命科学の研究に没頭。放射線と生体エネルギーの相対現象を通じて、生命波動に関するさまざまな超科学現象を検証しながら霊的世界の実存を確認する。

その後、超科学の世界に惹かれ大学病院を退職、厳然たる実存主義と経験主義に基づきつつ、自らがさまざまな超科学現象を体験する。自由と愛の本質を宇宙論的に探究する中で、宇宙と地球のメカニズムとシステムが、全て真逆の枠組みと価値観に理論付けられていることを感得する。

特に、性的主体は女性であり男性はその対象にすぎず、宇宙から女性にのみ進化の権能と権限が付与され、地球星の危機を回避する役割と責任と、肉体進化と霊性進化の方程式は、霊的に賢い女性たちに委ねられていることを提唱している。

ゼロの革命
運命を拓く宇宙の法則
2017年3月15日　第1刷発行

著　者　宇場 稔
発行者　見城 徹

GENTOSHA

発行所　株式会社 幻冬舎
〒151-0051　東京都渋谷区千駄ヶ谷4-9-7

電話　03(5411)6211(編集)
03(5411)6222(営業)
振替　00120-8-767643
印刷・製本所　株式会社 光邦

検印廃止

ISBN978-4-344-03093-0　C0095
幻冬舎ホームページアドレス　http://www.gentosha.co.jp/

この本に関するご意見・ご感想をメールでお寄せいただく場合は、
comment@gentosha.co.jpまで。